AF747167

क्या छिपा सन्दूकची में

शशि लाहोटी

Manda Publishers .com

Title: Kya chhipa sandookchi me

Author: Shashi Lahoti 2022

©All rights reserved
All rights reserved by author. No part of this publication may be reproduced, stored in a retrieval system or transmitted in any form or by any means, electronic, mechanical, photocopying, recording or otherwise, without the prior permission of the author.
Although every precaution has been taken to verify the accuracy of the information contained herein, the author and publisher assume no responsibility for any errors or omissions. No liability is assumed for damages that may result from the use of information contained within. All legal actions are subject to jurisdictions of courts of New Delhi, India.

First Published by Manda Publishers in 2022

ISBN: 978-93-90447-32-9

Manda Publishers
www.mandapublishers.com
publishmandapublishers.com
+91 9999190496

Cover Design: Garima
Typography: Anu Pal
Editor: Mukesh Negi
Illustrations: Sakshi Tripathi

Distributed by:
Amazon, Flipkart, Manda Publishers etc.

Printer:

क्या छिपा सन्दूकची में

देखती थी सन्दूकची एक, दूछत्ती के ऊँचे आले में,
दादी रखती बड़े जतन से, हीरे हो कोई प्याले में।

क्या छिपा सन्दूकची में, है कौन सा अनमोल खजाना,
मिला अवसर एक दिन मुझे, अद्भुत भरा था नजराना।

कुछ काले मोती निजरिया के, नानी ने भिजवाये थे,
नजर न लगे नातिन को, काले धागे में पिरोवाये थे।

एक छोटी पायल, जो लाडो के पाँव में पहनाई थी,
खो गई थी दूजी पायल, सन्दूकची में तब आई थी।

एक बड़ा सा बटन दिखा, दादा के अचकन का था,
जब खोलती दादी इसको, हाथों से सदा सहेजा था।

कपड़े वाली गुड़िया थी, बचपन में जिससे खेली थी,
क्यों संजो रखा दादी ने उसको, बनी एक पहेली थी।

पहला अक्षर लिखी हुई, वो कागज पर्ची देखी थी,
कितने सालों की समाई यादें, आँखें मेरी भीगी थी।

मैंने भी रखी सन्दूकची, उसमें स्वर व्यन्जन डाला है,
जैसे भाव उठते मन में, उन शब्दों को निकाला है।

छिपा इसमें शब्द भण्डार, उछल-उछल वो आते हैं,
सजते कोरे कागज पर, रचना रच कर जाते हैं।

क्या छिपा सन्दूकची में, रहस्य न अब पुराना है,
एहसासों की बनी पोथी, माँ शारदे का खजाना है।

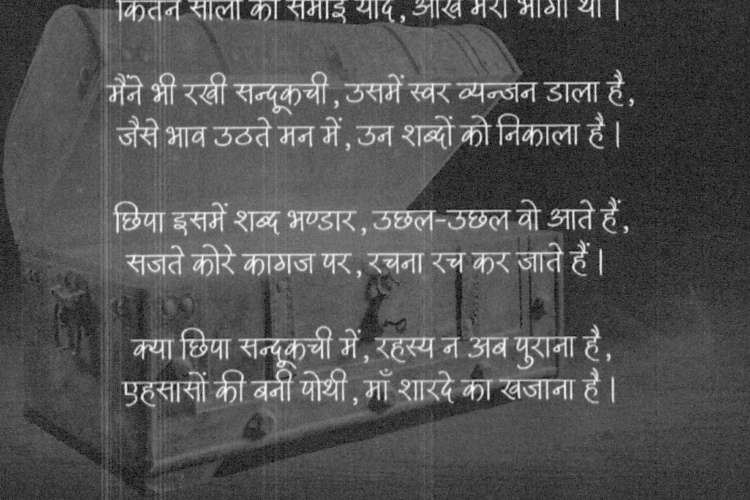

समर्पित

मैं यह काव्य संकलन "क्या छिपा सन्दूकची में" मेरे ससुरजी स्वर्गीय राधाकिशन जी लाहोटी को समर्पित करना चाहती हूँ। उनके सानिध्य का अवसर मुझे नहीं मिला लेकिन उनका आशीर्वाद मैंने सदा महसूस किया है। उनके चरणों में शत शत नमन।

शुभकामनाएँ

अपनी बेटी शशि (चन्दा) लाहोटी को उसकी प्रथम प्रकाशित पुस्तक "क्या छिपा सन्दूकची में" के लिए बहुत बधाई और आशीर्वाद।
हमें तुम पर गर्व है, जीवन में आगे बढ़ती रहो। माँ शारदे की कृपा सदा बनी रहे।
खुश रहो खुशियाँ फैलाओ,
समाज में नई पहचान बनाओ।
पुनः बहुत-बहुत बधाई !!

तुम्हारे मम्मी पापा
कृष्णा देवी, मदन गोपाल बिहानी

शशि जी लाहोटी,
सविनय जय महेश !
जानकर प्रसन्नता हुई कि आपका काव्य संग्रह "क्या छिपा सन्दूकची में" शीघ्र प्रकाशित हो रहा है।
साहित्य के अपने प्रतिमान रहे होंगे परन्तु सामान्य पाठक के लिए कविता एक संवाद माध्यम है जो कभी उसे परिवेश से जोड़ती है तो कभी विगत से, कभी बचपन की यादें उसमें बसती हैं तो कभी माटी की सौंधी सुगंध महसूस की जाती है।
मुझे आपकी कविताओं में विचारों की प्रगल्भता भी दिखी और भाषा का सहज प्रवाह भी।
मैं आशा करता हूँ कि पाठक वर्ग आपकी कविताओं से जुड़कर आनंद ही पाएगा।

पुनः हार्दिक शुभकामनाएँ
श्याम सोनी
सभापति
अखिल भारतवर्षीय माहेश्वरी महासभा

प्रिय शशि,

तुम अपना प्रथम काव्य संग्रह "क्या छिपा सन्दूकची में" प्रकाशित करने जा रही हो, इसके लिए अनंतानंत बधाइयाँ और शुभकामनाएँ।

उच्चता को जीवन में उतारकर जीवन की ऊँचाईयों को छुए, इससे बढ़कर कोई मानव सेवा नहीं हो सकती। आशा करता हूँ कि तुम्हारी यह सोच किताब के माध्यम से अनगिनत लोगों का सफल भविष्य बनाएगी।

प्रहलाद राय अग्रवाल, पद्मश्री

गर्व है हमें कि तुमने पाकर सफलता,
अपनी एक नयी पहचान बनायी है,
खुद की कलम से निकले जादुई शब्दों से आज सबकी शान बढ़ाई है।
सच की दस्तक पत्रिका ,वाराणसी की तरफ से आपको हार्दिक बधाई एवं शुभकामनाएँ !!

सच की दस्तक,
वाराणसी

शशि लाहोटी जी का काव्य संकलन
'क्या छिपा सन्दूकची में'
के लोकार्पण के मौके पर हमारी शुभकामनाएँ समर्पित हैं। शशि लाहोटी जी की कविताएँ दिल को छू लेने वाली होती हैं। मैं उनकी कई कविताओं को पढ़ा, ये कविताएँ दिल से निकली आवाज हैं। इनकी कविताओं में हास्य से लेकर गम्भीर विषय तक की भरमार रहती है। यह इनकी खासियत है। अधिकांश कवियों में या तो हास्य रस होगा, नहीं तो गम्भीर बातें होंगी, लेकिन इनमें दोनों बातें हैं। परिवार, समाज और व्यक्ति का चित्र इनकी कविताओं में खूब रहा है।
मैं इस काव्य संकलन की सफलता की कामना करता हूँ।
बहुत-बहुत धन्यवाद।

सुरेंद्र सिंह
संपादक सन्मार्ग

लेखिका की कलम से

करछी चलाते-चलाते कलम कब हाथ में आ गई पता ही नहीं चला,
खुद से ही अनजान खुद एक पहचान बन गई पता ही नहीं चला।

मैंने पहली बार मेरे बच्चों की विद्यालय पत्रिका के लिए लिखा था, यहीं से मेरी लेखिका की यात्रा शुरू हुई और आज पुस्तक प्रकाशन की ओर बढ़ रही है।

मेरा बचपन गाँव में बीता इसलिए मेरी कविताओं में आपको गाँव की महक जरूर आएगी। लोग सपने देखते हैं फिर उसे पूरा करने का प्रयास करते हैं लेकिन यह मेरा एक ऐसा सपना है जिसे कभी देखा नहीं और पूरा होने जा रहा है।
मैं अक्सर किसी के जन्मदिन, सालगिरह, शादी की शुभकामना के लिए लिखती रही और सुनाती रही। कभी-कभी..

सराहना की दो बोल भर देते उत्साह,
कुछ और करने की मन में उठती चाह।

एक बार किसी की सालगिरह पर लिखी कविता जब पढ़ रही थी तो हर पंक्ति पर तालियों की आवाज आ रही थी। उस आवाज ने मुझे और लिखने के लिए प्रेरित किया। उस रचना को मैंने इस संकलन में भी शामिल किया है, 'प्रियतम तुम्हारे कारण'।

अब तो जीवन में आसपास हुई अच्छी बुरी घटना जिससे मन विचलित हो जाता है और जब तक उसे कागज पर नहीं उतार लेती, चैन नहीं आता है। कोरोना काल में लेखनी को जैसे गति मिल गई। उस समय लिखी 'शुक्रिया कोरोना' और 'जान है तो जहान है' सन्मार्ग समाचार पत्र में प्रकाशित हुई।

'मेरे मन के मोदी मेरी कलम से' रचना के लिए प्रधानमन्त्री कार्यालय से धन्यवाद पत्र मिला तो जैसे लेखनी को पंख लग गए। माँ शारदे की कृपा और बड़ों के आशीर्वाद से यह यात्रा चलती रही। इसी क्रम में अभ्युदय अंतर्राष्ट्रीय संस्था, पश्चिमी बंगाल साहित्य संगम संस्थान, अन्तर्राष्ट्रीय महिला काव्य मंच से जुड़ गई। कई फेसबुक समूह

में भी लिखती रही और अनेक बार रचनाएँ विजयी भी हुई। जब अन्तर्राष्ट्रीय महिला दिवस पर जी बिजनेस के पैनलिस्ट पर लिखी कविता एम.डी. अनिल सिंघवी द्वारा चैनल पर दिखाई गई तो कविता और प्रस्तुति से एक पहचान मिली। इस तरह एक-एक कड़ी जुड़ती गई और 'क्या छिपा सन्दूकची में' समाती गई।

हम सबके जीवन में एक सन्दूकची होती है। जिसमें हम कई सुनहरी यादें संजोते हैं। मुझे लगता है कि यह सन्दूकची केवल मेरी ही नहीं, आप सबकी है। जिसमें बचपन से लेकर जीवन की शाम तक के कई यादगार पल हैं।

मैंने इसे सात खण्डों में सजाया है क्योंकि सात का जीवन में बहुत अधिक महत्व है। जिसे इस संकलन में 'सात की महिमा' में बताया है। मैंने इन खण्डों में कभी परिवार के साथ त्यौहार की खुशियों की झलक दिखाई है तो कभी मौसम की मस्ती। कभी जीवन को एक प्रश्न चिन्ह की तरह खड़ा किया है तो कभी जिन्दगी को प्यार के रंग में सराबोर किया है। कभी यह अतीत की यादों के गलियारे में ले जाती है तो कभी जीवन की साँझ पर लाकर खड़ा कर देती है। यह लिखते हुए मुझे ऐसा महसूस हुआ कि अंतिम पड़ाव तक आते-आते व्यक्ति के मन में यह प्रश्न उठने लगता है कि जीवन का उद्देश्य क्या है। उसकी तलाश करते हुए अंत में अपने आपको उस परब्रह्म की शरण में ले जाता है। मैंने इन रचनाओं में जीवन के हर रंग को भरने का प्रयास किया है। प्रत्येक पड़ाव पर अलग-अलग नजरिए को दिखाया है।

आशा करती हूँ इस सन्दूकची में क्या छुपा है आप जरूर तलाश कर पाएँगे।

- शशि लाहोटी

समीक्षा

कोलकाता हिंदी साहित्य की उर्वरा भूमि रही है। यहाँ नैसर्गिक रूप से प्रतिभाएँ प्रकट होती हैं इन प्रतिभाओं में शशि लाहोटी जी का नाम नया नहीं है, निरन्तर स्थानीय पत्र पत्रिकाओं में इनकी रचनाएँ प्रकाशित होती रहती हैं। मूल रूप से शशि लाहोटी जी जीवन संवेदनाओं से जुड़ी रचनाशीलता के लिए जानी जाती रही है। उनकी रचनाएँ 30 से ऊपर संयुक्त संग्रहों में प्रकाशित हो चुकी हैं पर प्रस्तुत काव्य संग्रह "क्या छिपा सन्दूकची में" इनका पहला प्रकाशित संग्रह है।

प्रथम दृष्टया अवलोकन से मुझे पुस्तक में बचपन से लेकर इस उम्र तक के अनुभव, संस्मरण सरल सहज एवं प्रभावी ढंग से लिखे गए मिले।
पहली कविता ही इतनी प्रभावी और दिल मे उतरने वाली लगी कि हर किसी को अपने व नानी, दादी का वात्सल्य स्मरण हो आये खास कर कवयित्री जब कहती हैं कि

"कुछ काले मोती निजरिया के, नानी ने भिजवाए थे,
नजर न लगे नातिन को, काले धागे में पिरवाये थे"

ये दो पंक्तियाँ अपने आप में पराकष्ठा है सम्बन्धों के प्रतिवेदन की। कितनी सहज सी बात है कितने सरल शब्द हैं पर अन्तर्मन को झकझोर दे।

बालमन की अभिलाषा जब पढ़ने लगा तो सोच रहा था कि शायद मेरे बालमन की भी यही अभिलाषा रही हो कि "पढ़ पाऊँ पशु पक्षी की भाषा" बाल्यावस्था में सबके मन मे यह प्रश्न उठना स्वाभाविक है पर इन्हें यथेष्ठ शब्दों में ढालना ही एक कुशल कवि की पहचान।

पुस्तक में कोरोना की बात है तो बेटियों के पढ़ने की बात है। पॉपकॉर्न कोल्डड्रिंक और फ्रॉक वाली नन्ही गुड़िया की ख्वाहिश है।
कवयित्री अब युवावस्था की दहलीज पर आ चुकी है और प्यार की अनुभूति होने लगी है अहसास होने लगे हैं। इश्क भी होने लगता है, इनका प्यार वैज्ञानिक है, ये मानवीय आकर्षण की उपमा गुरुत्वाकर्षण से देती हैं सचमुच अनोखा बिम्ब खड़ा

किया है इन्होंने। प्यार हुआ तो शादी भी होगी और शादी की रंगीन कल्पना का सजीव चित्रण विभिन्न कविताओं में मिलता है।

"भरा हुआ भावों से इस दिल का हर एक कोना है
तो मेरे प्रियतम सिर्फ तुम्हारे कारण।"

प्यार समर्पण का एक उत्कृष्ट उदाहरण है।
बच्चे को पहली बार गोद में लेने के एहसास एवं रिश्ता राखी का त्यौहार, रूठा-रूठी, नोक-झोंक, मौसम, उत्सव सब कुछ समेटा है शशि जी ने इस पुस्तक में।
पुस्तक क्या है एक आम नारी की जीवन गाथा है जिसे कुशल चित्रकार ने विभिन्न रंगों से सजाया है।

मेरी शुभकामना शशि लाहोटी जी को, आप इसी तरह भावप्रधान रचना रचती रहें।

सुरेश चौधरी
साहित्यकार, कवि, विचारक, अर्थशास्त्री

समीक्षा

"क्या छिपा सन्दूकची में" पुस्तक का नाम, वो भी काव्य पुस्तक एक जिज्ञासा भरता है मन में, एक कौतुहल, जैसे माँ और दादी की कोई सन्दूकची, जो बचपन में जब भी खुलती थी , ऐसा लगता था जैसे कोई बहुमुल्य-सा खजाना छुपा रखा है उन्होंने, जिसे पाकर हम निहाल हो जाएगें।

आज जब यह नाम पढा शशि लाहोटी जी की काव्य पुस्तक का, तो मन कहीं उन्हीं बचपन की यादों में ले गया, जहाँ हम होली-दिवाली, माँ-दादी की सन्दूक खुलने का इन्तजार करते थे, हमारे लिए वो भी एक त्योहार ही तो था।

शशि लाहोटी की पुस्तक का पहला पन्ना खोला तो चकित रह गई, उन्हीं यादों का लेखा जोखा था, फिर क्या था पन्ना पर पन्ना पलटती चली गई और इस सन्दूकची में जो पाया, वो थे अनमोल रिश्तों के अहसासों के सच्चे मोतियों का खजाना, मन की निर्मल-निष्कलुष अनुभूतियों की पिरोई गई एक सिलसिलेवार माला, जिसमें बचपन की खट्टी-मीठी यादें थी, किशोरावस्था का अल्हड़पन था।
जवानी की शरारतें, शिकायतें थी तो प्यार के नगमें और दर्द के गीत भी थे, प्रौढ़ावस्था के मनके थे तो वृद्धावस्था में सुकून की एक तलाश भी।

इन सबके बीच जीवन के, संसार के सच के बारीक धागे से पिरोई गई यह माला, जिसमें कर्म की व्याख्या और जीवन का अन्तिम सत्य इतनी खूबसूरती से पिरोया गया कि बातों ही बातों में जैसे हमने संसार और अध्यात्म दोनों लोकों का विचरण सहज ही कर लिया हो।
शब्दों की सरलता और सहजता के बीच काव्य शैली में प्रस्तुत यह सन्दूकची, हर उस मन में, जो कुछ कहना चाहता है, बैठकर उसके अहसासों को जीते हुए अपने शब्दों में अर्थ भरकर उन भावनाओं को संजोती है, जो निश्चित ही आसान नहीं, पर जब शशि जी की लेखनी रेशम-सी पन्नों पर फिसलती है तब इन्हें संजोना आसान लगने लगता है।
इस कौशल में माहिर शशि लाहोटी जी की लेखनी की जितनी प्रशंसा की जाए, कम है।

जब आप इस पुस्तक के पहले पन्ने को खोलकर आरम्भ करेंगे आगे बढ़ेंगे तो निश्चित ही मेरी बात से पूर्णतः सहमत होंगे, ऐसा मुझे पूर्ण विश्वास है।

शशि लोहोटी जी को पुनः हार्दिक बधाई और शुभकामनाएँ देती हूँ।
हिन्दी साहित्य जगत के लिए आपने एक ओर मोती संजोया है आगे भी इसी प्रकार लिखती रहें और खूब आगे बढे।

ढेर सारी शुभकामनाओं के साथ

डॉ. इन्दु झुनझुनवाला
बेंगलोर
संस्थापक, अभ्युदय अंतर्राष्ट्रीय संस्था
26 जुलाई 2022

अनुक्रमणिका

बचपन *2*

नन्हे बालक की अभिलाषा 3

सुहाना बचपन 5

विद्यालय लगने लगा घर सा 7

मधुर यादगार बचपन की 9

वह आधी छुट्टी वाले पैसे 10

बेटी की पहली आवाज 11

कलम की जगह कुदाल 12

क्या किया तुमने कोरोना 13

अभी न भेजो दहलीज पार 15

फिर से मैं बच्ची बन जाऊँ 17

ख्वाबों की दुनिया 19

युवावस्था *22*

जाड़े की धूप और माशूका 23

अफवाह 24

प्रपोज डे और चॉकलेट डे 26

दस्तक दिल के दरवाजे पर 28

तुमसे इश्क हुआ 29

प्यार में विज्ञान 30

पहली मुलाकात 31

उठती एक टीस 33

पहना भोलेपन का दुशाला 34

कल्पना और यथार्थ का संगम 35

तनहाई 36

शादी *38*

लाल रंग 39

जिन्दगी के रंगों से सराबोर 40

रिश्ता जड़ और तने का 42

तू डोर मैं पतंग 43

बस बोलते नहीं पर प्यार जता जाते हैं 45

खुशियाँ तलाशती जिन्दगी 46

वह जिए जा रही थी 47

मन की वेदना 48
'सॉरी' केवल एक शब्द नहीं 49
एक खेल 50
प्रियतम तुम्हारे कारण 51

रिश्ते *54*
पहली बार लिया गोद में...55
ममता की मूरत 57
पिता का दर्द...58
पावन रिश्ता राखी का त्योहार...59
सरहद पर भाई 60
बचपन का एटीएम...61
महकी आँगन बगिया 62
रूठ कर तुमसे ए दोस्त..63
वह पुरुष है 64
जीवन लगेगा सुहाना..65
सपनों का घर 66

मौसम और उत्सव *68*
नव वर्ष हमारा आता है...69
अक्षय तृतीया 71
सातुड़ी तीज 72
शरद पूर्णिमा 73
सच्ची दिवाली...75
मकर संक्रान्ति..76
होली आई 77
बसन्त की बहार 79
जेठ की तपन और गाँव का बचपन 80
सावन आया..81
सर्दी की ऋतु 82

यादें जीवन की *84*
जीवन संध्या..85
वह चबूतरे की ख्वाहिश 86
नानी की याद...87
हिचकी 89

अनमोल उपहार 90
मेरे घर की खिड़की 91
तेरी बातें, मेरी बातें 92
पदचाप 93
मन में उठे भाव 95
अन्तर्मन की व्यथा 96
जीवन की साँझ 97

अध्यात्म और ज्ञान 100
जीवन का कठिन प्रश्न 101
सुख की तितली 102
सुकून की तलाश 103
एक लम्हा 104
केवल रक्त बहा है 105
एक 106
नश्वर जीवन 108
पुनर्जन्म 109
जीवन मृत्यु का चक्र 111
एक दिन घाट पर 112
प्रभु अनन्त अपार हैं 113

सात की महिमा 115
आभार 117

ब
SCHOOL
च
प
न

बचपन

जीवन का सुनहरा दौर बचपन, जिसमें होती है चंचलता और मिठास। कभी शरारत तो कभी जिद्द, कभी माँ का आँचल तो कभी बाबा का दुलार। किसी का बचपन ऐसा भी है जिसमें छोटे-छोटे कन्धों पर होता परिवार का भार। कभी होती आधी छुट्टी में की गई मस्ती तो कभी बेटी करती बाबा से गुहार आगे पढ़ने की।

बचपन भी क्या जमाना था,
मस्ती का सदा अफसाना था।
सपनों की दुनिया में रहते सदा,
नहीं होता कोई बहाना था।

नन्हे बालक की अभिलाषा

मेरे मन की यह अभिलाषा,
पढ़ पाऊँ सबके मन की भाषा।
कौन है सच्चा, कौन है झूठा,
किसके मन में क्या है लालसा।

पढ़ पाऊँ पशु-पक्षी की भाषा,
कैसे कहते मानव की गाथा।
रंग-बिरंगी तितली क्या कहती,
पराग की कैसे करती वो चर्चा।

पेड़ जो देते फल और छाया,
भाव परोपकार के कैसे लाता।
देख बदरी जब मयूर नाचता,
नैनों में नीर वह क्यों भर लाता।

मोहक खिले पुष्प क्या कहते,
क्या उनके मन की अभिलाषा।
सूरज से भी बात कर पाऊँ,
कैसे भोर में समय पर आता।

कलाएँ चाँद की रोज बदलती,
कैसे शीतलता खुद में लाता।
कथनी करनी का भेद मैं जानूँ,
जो भी करता अपनों से वादा।

मेरे मन की यह अभिलाषा,
पढ़ पाऊँ सबके मन की भाषा।

सुहाना बचपन

बचपन कितना होता था सुहाना,
खुद का संगीत, खुद का तराना।

मस्ती में सदा झूमते रहते,
न लेते कोई दिल पर बात।
हर मौसम लगता था सुन्दर,
हो सर्दी, गर्मी या बरसात।

मिट्टी भी एक खिलौना थी,
कण-कण बड़ा लुभाती थी।
कान्हा के जैसे खाते मिट्टी,
जो सबसे ज्यादा भाती थी।

माँ करती थी मुझको तैयार,
संग हिदायत वह देती थी।
अब और न खेलना मिट्टी में,
बड़े प्यार से वह समझाती थी।

सुनते सबकी करते मन की,
बड़े मस्त मौला से रहते थे।
नजर चुरा के माँ से फिर,
अपनी मन-मर्जी करते थे।

न जानते कीमत घर की,
मिट्टी से झट बनाते थे।
रक्षा पूरी करना उसकी,
तब भी बखूबी जानते थे।

खेल-खेल में खो जाते थे,
उसमें ही हम रम जाते थे।
मस्त मतवाला सा था बचपन,
मोल उसका न जानते थे।

विद्यालय लगने लगा घर सा

रोज दीदी को देख मचलता था,
टिफिन, बैग के लिए उछलता था।
जल्दी बड़ा हो विद्यालय जाऊँ,
इस बहाने झटपट दूध पीता था।

आयी वो शुभ मंगल घड़ी,
नया बैग और टिफिन आया।
नजदीक के विद्यालय में ही,
मेरा था दाखिला करवाया।

स्लेट, बरता व एक रुमाल,
इतना सा ही भरा सामान।
इतराकर चला विद्यालय,
गले में पानी बोतल डाल।

उछल रहा मैं जो शुरू में,
ज्योंही माँ ने हाथ छुड़ाया।
उत्साह हो गया छूमन्तर,
मन मेरा व्याकुल घबराया।

विद्यालय में मिले हम उम्र,
संगी साथी को फिर पाया।
शिक्षिका लगी माँ जैसी ही,
हँसकर मुझे गले लगाया।

पहली बार घर से हुआ दूर,
मन हुआ मेरा विचलित सा।
अब तो हो गई आदत सी,
विद्यालय लगने लगा घर सा।

मधुर यादगार बचपन की

जीवन का हर पल बनाती मधुर यादगार,
जब बैठूँ मैं अकेली, छेड़ जाती मन के तार।
कभी वह बचपन के गलियारों में ले जाती,
जो माँ की गोदी में बिठा, आँचल में छुपाती।

कभी याद दिलाती पापा की मीठी फटकार,
जिसमें छिपा होता उनका प्यार बेशुमार।
पल में दोस्ती, पल में कट्टी, कभी कंचे, कभी कबड्डी,
कभी घुमाते रब्बर टायर, कभी गली में गिल्ली डंडी।

वो गर्मियों की छुट्टियाँ, वो ननिहाल की मस्तियाँ,
वो दही का बिलोना, मक्खन के लिए मचलना।
वो गेहूँ की धानी, वह मटके का ठण्डा पानी,
वो छतों पर बिछौना, टूटे तारों को गिनना।

वो कागज की नाव, वो बरखा का पानी,
आती सपनों में परियाँ, सुन दादी की कहानी।
वो सावन का महीना, पेड़ों पर लगते झूले,
वो गाँव के मेले, जो भुलाए न भूलें।

वो आँखों में शैतानी, मन था भोला,
नहीं पहना था कोई, दिखावे का चोला।
खेल-खेल में रचाते, गुड्डे-गुड़ियों का ब्याह,
वो मासूम सा बचपन, जिसकी यादें गवाह।

वह आधी छुट्टी वाले पैसे

विद्यालय जाने से पहले, जब भी माँ देती मुझको,
दस पैसे मेरे हाथ में, आधी छुट्टी में खर्च करने को।

उत्सव सा मेरा तब मन हो जाता था,
मैं उछल-उछल विद्यालय जाता था।

पहले चार पीरियड भी, पढ़ने में मन न लगता था,
कैसे खर्च करूँ पैसों को, इसी विचार में रहता था।

दो पैसे का चूर्ण लूँगा और एक पैसे का बोर,
दो पैसे की कुल्फी लूँ, मन में चल रहा शोर।

पाँच पैसे बच जाएँगे, क्या उसका मुझको करना,
सोच रहा आज खिला दूँ, दोस्तों को भी गुड़ चना।

या बचा लूँ उन पैसों को, दूजे दिन खाने को,
या दे दूँ उन्हें विद्यालय के चपरासी भैया को।

याद करूँ उन दिनों को, कैसे बजट था बनाया,
कैसे करूँ खर्च दस पैसे, कैसी थी वह माया।

बेटी की पहली आवाज

आँख खुली बेटी की जग में,
कानों में पड़ी पहली आवाज।
लड़की ने है जन्म लिया,
हमको तो थी लड़के की आस।

खिलता गुलाब सा चेहरा,
सुन ये पल में मुरझा गया।
लड़का आते ही क्या देता,
मैंने ऐसा क्या छीन लिया।

मैं बनू लड़का या लड़की,
मेरा तो कोई हाथ नहीं।
गले लगा लो मुझे प्यार से,
करो कोई भेदभाव नहीं।

चाहे कितनी राह हो दुर्गम,
आज ही कर दो शुभारम्भ।
शिक्षित कर काबिल करना,
ये भेद करना होगा खत्म।

मन्जिल कितनी भी दूर रहे,
हौसला कभी न होगा कम।
अवनी से अम्बर तक फहराऊँ,
विजय पताका का परचम।

कलम की जगह कुदाल

कलम की जगह क्यों कुदाल है आई,
देख देश का बचपन आँखें भर आई।

कहीं दिखते कागज-प्लास्टिक बिनते,
तो कोई माँगते भीख, भूख से तड़पते।
कितनी कटु यादें बचपन में बन आई,
कलम की जगह क्यों कुदाल है आई।

कोई छोटू ढाबे की दुकान पर होता,
दौड़कर करता काम, बर्तन भी धोता।
किसी ने परियों की न कहानी सुनाई,
कलम की जगह क्यों कुदाल है आई।

कहीं बचपन जले भट्टी की आग में,
दिन रात मजदूरी, फटकार है भाग में।
प्यार की थपकी किसी ने न लगाई,
कलम की जगह क्यों कुदाल है आई।

यौवन से पहले मुरझा रहा बचपन,
पेट की भूख शान्त करने की लगन।
बालश्रम हटाने की केवल देते दुहाई,
कलम की जगह क्यों कुदाल है आई।

क्या किया तुमने कोरोना

बचपन होता कितना सलोना,
संगी-साथी, खेल-खिलौना।
यह क्या किया तुमने कोरोना,
बच्चों से उनका बचपन छीना॥

वो विद्यालय जाकर शिक्षा पाना,
वो आधी छुट्टी में टिफिन खाना।
वो छीना-झपटी, हँसना-बोलना,
यह क्या किया तुमने कोरोना।
बच्चों से उनका बचपन छीना॥

शाम ढले पार्क में जाना,
खेल क्रिकेट फिर थक कर आना।
दौड़ना, गिरना फिर उठ जाना,
यह क्या किया तुमने कोरोना।
बच्चों से उनका बचपन छीना॥

दिन रात अब घर में रहना,
टीवी, मोबाइल पर वक्त बिताना।
बोर्ड गेम से ही मन बहलाना,
यह क्या किया तुमने कोरोना।
बच्चों से उनका बचपन छीना॥

बच्चे कब चाहें करना आराम,
खेल-कूद ही बनाते उन्हें ऊर्जावान।
छूटा नन्हे बच्चों का मुस्कुराना,
यह क्या किया तुमने कोरोना।
बच्चों से उनका बचपन छीना॥

अभी न भेजो दहलीज पार

मुझको भाती पाटी-पोथी,
मुझको भाती कलम दवात।
पढ़ने दो माँ बाबा मुझको,
न छीनों मुझसे मेरे ख्वाब।

कली हूँ आपकी बगिया की,
खिलकर मुझे महकने दो।
दे दो मुझे आसमान ऊँचा,
खुलकर उड़ान भरने दो।

अच्छी लगती माथे पर बिन्दी,
भाता मुझको भी श्रृंगार।
सही समय आने दो बाबा,
अभी न भेजो दहलीज पार।

इतनी जल्दी भूल गए बाबा,
क्या हुआ बिजुरिया के साथ।
उठा न पाई मातृत्व भार,
बाली उम्र किए पीले हाथ।

पायल नहीं वह बेड़ियाँ होंगी,
काला धागा घुटन बनेगा।
कलम चलाने वाले हाथों में,
मेहन्दी का कैसे रंग चढ़ेगा।

पढ़ लिख एक दिन बाबा मैं,
नाम तेरा रोशन कर जाऊँगी।
अभी तो मेरी कच्ची उमर है,
कैसे रिश्तों का बोझ उठाऊँगी।

फिर से मैं बच्ची बन जाऊँ

मन करता है एक बार फिर से मैं बच्ची बन जाऊँ,
आजकल के बच्चों जैसा मैं अपना बचपन बिताऊँ।
वो चूँ-चूँ करते जूते पहनूं, झटपट खूब दौड़ लगाऊँ,
'बार्बी' की 'फ्रॉक' पहन कर, 'डॉल' सी मैं बन जाऊँ।

जन्मदिन की बड़ी 'पार्टी' में, दोस्तों संग धूम मचाऊँ,
हर पल कैद हो कैमरे में, तरह-तरह के 'पॉज' बनाऊँ।
'सिनेमा हॉल' जा मैं, 'हैरी पॉटर' की फिल्म देख आऊँ,
कोल्ड ड्रिंक के साथ 'पॉपकॉर्न' भी, उछाल-उछाल कर खाऊँ।

'हूलाहूप' को डाल कमर में, गोल-गोल घूम जाऊँ,
'स्केटिंग बोर्ड' चलाकर, हवा से बातें कर आऊँ।
भूख लगे तो मम्मी से मैं, झटपट 'मैगी' बनवाऊँ,
'फ्रिज' से 'चॉकलेट' निकाल, छुप-छुप के मैं खा जाऊँ।

मम्मी के संग रोज-रोज मैं 'स्विमिंग' करने जाऊँ,
मछली सी छप-छप करती, तैर आगे निकल जाऊँ।
देखूँ जो बरखा पानी, झट कागज की नाव चलाऊँ,
'कार्टून' वाली छतरी लेकर, खुद ही खुद पर इतराऊँ।

मम्मी जैसी 'ड्रेस' पहन कर, बड़ी-बड़ी 'पार्टी' में जाऊँ,
साथ नृत्य कर माँ-बेटी की, प्यारी जोड़ी कहलाऊँ।
आधी रात में उठ पापा से 'पिज्जा' ऑर्डर करवाऊँ,
'पिज्जा' आने तक मैं, 'टॉकिंग टॉम' से मन बहलाऊँ।

उँचे-उँचे झूलों में बैठ, मैं जोर-जोर से चिल्लाऊँ,
रोज नए-नए 'फ्लेवर' की 'आइसक्रीम' मैं खाऊँ।
मन करता है एक बार फिर से मैं बच्ची बन जाऊँ,
आजकल के बच्चों जैसा मैं अपना बचपन बिताऊँ।

ख्वाबों की दुनिया

यदि मैं होती नक्षत्र कोई,
रोज परिधि नयी बनाती।
अपने चंचल स्वभाव से,
सौर मण्डल में हलचल मचाती।

कभी मार्स से मिलने जाती,
रंग लाल उधार ले आती।
खेल चाँद संग होली फिर,
उसको भी रंगीन बनाती।

वीनस से ले चमक उधार,
सैटर्न की रिंग में सजाती।
प्लूटो से छीन कर ठण्डक,
सूरज पर बिखेर आती।

नेप्टून से नीला रंग ले,
तारों की चुनर बनवाती।
ओढ़ उसे मैं इठलाती,
धरती की सैर कर आती।

छुपन-छुपाई सीखा सभी को,
एक दूजे के थप्पा करवाती।
छुक-छुक ट्रेन बनाती मैं,
सबके आगे खड़ी हो जाती।

कई और नए नक्षत्रों को,
मैं अपना दोस्त बनाती।
कैसे जीवन जिया जाता,
नया अन्दाज सिखा आती।

यु
वा
व
स्था

युवावस्था

खट्टी-मीठी यादों के साथ बचपन बीत जाता है। आता है एक और खूबसूरत पड़ाव जो प्यार का रंग बिखेरता दिलों में अनगिनत ख्वाब सजाता है। कभी होते गम्भीर तो कभी हँसी की फुहार, कभी होती दिल पर दस्तक तो कभी पहली नजर का प्यार।

प्यार एक अनुभूति, एक एहसास,
जहाँ होती आँखों में बात।
कभी इजहार, कभी इनकार,
तो कभी सपनों में मुलाकात।

जाड़े की धूप और माशूका

ये जाड़े की धूप भी माशूका की तरह मिजाज दिखाती है,
कभी छुप-छुप कर मिलने आती तो कभी रूठ जाती है।

कभी शरमा कर बादलों की ओट से झाँकती,
तो कभी कोहरे में अपने आपको है छुपाती।

कभी खिलते गुलाब सी खिलखिला कर आती,
मेरे अन्तर्मन में प्रेम का अलाव सा जगाती।

मैं हर नाज-नखरे उठाने को हूँ तैयार,
तुझे पाने को खड़ा हूँ मैं अपनी बाहें पसार।

यह न भूलना हम भी हो सकते हैं तुमसे नाराज,
बैठ कर मोटे कम्बल में, जलाकर घर में अलाव।

तुम भी तरस जाओगे पाने को झलक एक बार,
न तरसाओ अब तुमसे मिलने को दिल है बेकरार।

अफवाह

आज बरखा का पानी देखा,
पहुँच गया अतीत में सहसा।
बड़ी दूर की सोच रखता था,
छाता हरदम साथ रहता था।

कॉलेज का वो पहला दिन था,
थोड़ा उत्सुक, थोड़ा डर था।
कुछ पहचाने, कुछ नए चेहरे थे,
एक लड़की से जा नयन मिले थे।

घर जाने खड़ा था जब मैं,
बरखा सहसा बरस पड़ी।
जब मैंने खोली छतरी तो,
देखा वो लड़की थी खड़ी।

झट से ऑफर कर दी छतरी।
दोस्तों की हम पर नजर पड़ी।
दूसरे दिन माहौल अलग था,
आँखें सबकी हमें घूर रही।

अफवाह फैल गई थी ऐसे,
मानो जंगल में आग लगी।
हर जबान पर कॉलेज में,
हम दोनों की बात हो रही।

दोनों ने तब मिलकर ठानी।
कैसे इनको सच्चाई बतानी,
समझाने के प्रयास के क्रम में,
अफवाह बदल गई थी सच में।

आज बरखा का पानी देखा,
पहुँच गया अतीत में सहसा।

प्रपोज डे और चॉकलेट डे

बहुत हो गई छुपन-छुपाई,
जाने कहाँ से हिम्मत आई।
आज तो कह ही दूँगा मैं,
बात जो मेरे दिल में आई।

तुम तो हो मेरी चॉकलेट,
मिल्कीबार सी मीठी हो।
जब होती है कभी खटपट,
तो किटकेट सी लगती हो।

कानों में सुर सी घुलती,
तेरी बातें फाइव स्टार सी।
सादगी व मासूमियत भरी,
तुझमें मिल्कीबार सी।

आँखों में कई रंग छलकते,
तुम तो मेरी जेम्स हो।
तेरे प्यार से जुड़ा हूँ मैं,
तुम मेरी एक्लेयर्स हो।

खट्टी-मीठी तेरी बातें,
कच्चा मैंगो बाइट सी।
बच्चों सी नटखट तुम,
लगती किंडर जॉय सी।

पर्क, किशमी, मेलोडी सा,
मेरा यह प्रपोज सुनो।
जेली-बेली, कोको कैंडी,
तुम मेरी लॉलीपॉप बनो।

दस्तक दिल के दरवाजे पर

हुई एक दस्तक आज, दिल की दहलीज पर,
सोच में पड़ गई हूँ, क्या आने दूँ उसे भीतर।

क्या यह महज हवा का झोंका है,
खटखटा कर चला गया दिल का दरवाजा।

किसी ने दी दस्तक यूँ ही मन बहलाने को,
सूझी है शरारत कोई खेल रचाने को।

या सच-मुच ही कोई बसना चाहता है,
दिल की गहराइयों में आशियां बनाना चाहता है।

यूँ ही मेरे जज्बात से न खेले कोई,
छोड़ न जाए मुझे तन्हा अकेले कोई।

बस हो मुझमें इतनी समझ और शक्ति,
पहचान कर पाऊँ मैं सही और गलत की।

तुमसे इश्क हुआ

जुड़ गए दिल से दिल के तार,
मन पुलकित हो रहा बार-बार।
हो रहा सतरंगी दुनिया का आभास,
जब तुमसे इश्क हुआ।

जहाँ देखूँ दिखे तेरी ही तस्वीर,
चाहे बैठो पेड़ तले या नदिया तीर।
तुमसे मिलने को हर पल रहूँ अधीर,
जब तुमसे इश्क हुआ।

तुम्हारी याद से ही खिल जाता चेहरा,
जैसे कोई गुलाब हो सुर्ख गहरा।
आँखें खुली देती दिन-रात पहरा,
जब तुमसे इश्क हुआ।

सपनों में भी अब तुम ही आते,
संग दूर गगन की सैर पर ले जाते।
करते मुझसे ढेरों मीठी-मीठी बातें,
जब तुमसे इश्क हुआ।

प्यार में विज्ञान

गुरुत्वाकर्षण सा हुआ खिंचाव,
जब देखा तुमको पहली बार।
कहीं भी ले जाऊँ अपना ध्यान,
खींच तुम्हीं पर आता हर बार।

प्रकाश वेग से भी तेज मन,
तेरे पास पहुँच जाता था।
कल्पना के हर द्वार लाँघ,
साथ तुमको पाता था।

पृथ्वी की तरह धुरी पर घूमता,
ध्यान तुम पर ही आता था।
मैं पृथ्वी, तुम सूरज के बीच,
चाँद ग्रहण सा लग जाता था।

पर मुझे रहता सदा इन्तजार,
चाँद रूपी ग्रहण हट जाएगा।
दोनों का होगा मधुर मिलन,
आशा की किरण ले आएगा।

पहली मुलाकात

पहली मुलाकात का तब नहीं था कोई जमाना,
एक दूसरे को दूर से देखने का होता था बहाना।

हम दोनों बिन्दास थे, हटकर हमारे ख्वाब थे,
शादी से पहले मिलने के कयास थे।

फिल्मों के शौकीन, रंगीन मिजाज थे,
हीरो-हीरोइन जैसे हमारे अन्दाज थे।

सहेली के साथ सन्देशा भिजवाया था,
रात को छत पर मिलने बुलाया था।

सर्दी की सुन्दर चाँदनी रात थी,
ठण्ड के साथ थोड़ी बरसात थी।

शॉल में खुद को ढक छत पर आई,
कोने में उसे पहले से ही खड़ा पाई।

साँसे रुकी सी पर तेज थी धड़कन,
आमने-सामने हमारा पहला मिलन।

वह भी चुप था, मैं भी चुप थी,
नजरों से बस नजर मिली थी।

मुँह पर जैसे लग गया हो ताला,
दोनों ने एक शब्द न था बोला।

उसके हाथ में इत्र लगा गुलाब था,
मैंने भी एक उपहार लिया साथ था।

न वह गुलाब दे पाया, न मैं उपहार,
इतने में ही समझ जाओ सारा सार।

कुछ ऐसी थी हमारी पहली मुलाकात,
यादों के पन्नों का नहीं है कोई हिसाब।

उठती एक टीस

कभी घुटन कभी चुभन,
कभी सन्नाटा तो कभी चीख।
कभी तड़प, कभी आह,
तो कभी उठती एक टीस।
अच्छी नहीं लगती सूरज की लाली,
न सुहाती यह हरियाली।
मधुर संगीत भी लगता क्रन्दन,
मुश्किल जीना पल-पल, छिन-छिन।
कहाँ जाऊँ, क्या करूँ,
जहाँ न हो तेरी याद।
दिल तोड़ कर तूने मुझे,
बना दिया जिन्दा लाश।
यह बरखा, यह सावन,
तेरे बिन नहीं मनभावन।
शायद मेरा ही गुनाह,
जो चाहा तुझे बे-इन्तहा।

पहना भोलेपन का दुशाला

तुम आए थे भेष बदलकर,
कुछ भी मैं न समझ पाई।
मैं ठहरी भोली-भाली,
तेरे दिल के भाव न जान पाई।

नकाब चढ़ा था चेहरे पर,
था भोलेपन का दुशाला।
ऐसा कोई रूप न जाना,
न ही पढ़ा कोई पाठशाला।

पहले जीत विश्वास दिलों का,
फिर पीठ पर वार किया।
कैसे तुमने एक-एक करके,
हर वादे का संहार किया।

जीते-जागते तिलिस्म से तुम,
कुछ भी न समझ आया।
व्यथित हो उठा मन बेचारा,
जो तुमने मुझ पर आजमाया।

कल्पना और यथार्थ का संगम

मन के पहुँच की न होती सीमा, इसका कोई पार नहीं,
कल्पनालोक में विचरण करे, होता सपना साकार नहीं।

कल्पना की बना गठरी न रखो किसी कोने में,
खोल उसे अमल करो, न समय बिताओ सोने में।

सपनों का पकवान बनेगा पुरुषार्थ के ईंधन में,
तभी स्वाद चख पाओगे यथार्थ का जीवन में।

सूरज को भी तपना पड़ता, चलता अनवरत है,
आग में तपकर ही कुन्दन में आती वो चमक है।

इतिहास गवाह जांबाजो का, पार की हर बाधा है,
डटे रहे जो अंगद पाँव सम, लक्ष्य उसी ने साधा है।

होंगे राह में आँधी-तूफान, कदम बड़े डगमगाएँगे,
हिम्मत की पतवार से ही मन्जिल यथार्थ की पाएँगे।

तनहाई

आज मैं खड़ी हूँ जब तन्हा अकेली,
क्यों न बन जाऊँ मैं खुद की सहेली।

सोच मन में मैंने कदम यह उठाया,
अपनी तनहाई से फिर प्यार जताया।

साथ उसके अब मैं खुलकर हँसने लगी,
एक नई यादों का गुलिस्ताँ रचने लगी।

ढेरों बातें एक दूजे से दिल की करते,
रूठते, मनाते और शिकवा भी करते।

डरने लगी कहीं हो न जाए इससे प्यार,
तनहाई भी दे-दे धोखा, न होगा नागवार।

शादी

शादी

जब दो प्यार करने वाले बन्ध जाते हैं एक बन्धन में तो शुरू होती है जीवन की नई शुरुआत। कर्तव्य और दायित्व का खूबसूरत सा संगम देखने को मिलता है। कभी तकरार भी होती है तो कभी जीवन स्वप्न सलोना लगता है।

लाल जोड़ा व मेहन्दी रचे हाथ,
सात फेरे और जन्मों का साथ।
कभी डोर पतंग सी जिन्दगी,
कभी होती सुकून की तलाश।

लाल रंग

लाल रंग की ओढ़ चुनरिया,
हाथों में रचाकर मेहन्दी लाल।
पाँव में अलता लाल रंग का,
मुँह पर रंग है प्यार का लाल।

लाल है बिन्दिया, लाल सिन्दूर है,
लालिमा गालों पर लाल है।
हाथों में खन-खन चूड़ियाँ लाल,
अधरो की लाली भी लाल है।

लाल जोड़े में सजी है दुल्हन,
संजोए सपने सुर्ख लाल हैं।
लाल गढ़जोड़े से बन्धा ये बन्धन,
साक्ष्य अग्नि भी लाल है।

हाथ पिया के हाथों में थमा,
लाज से हुई वह लाल है।
फूल है बिखरे लाल रंग के,
चहुँ ओर छाया रंग लाल है।

जिन्दगी के रंगों से सराबोर

सात घोड़ों पर सवार होकर,
आशाओं की किरण भरकर।
आया दूर करने घनघोर तम,
आभा लिए उदित हुआ सूर्य।
मैं खिल आई सुनहरी भोर हूँ,
मैं अब जिन्दगी के रंगों से सराबोर हूँ।

पति-पत्नी का रिश्ता होता न्यारा,
गुलाबी गुलाब सा खिलता प्यारा।
नीले आकाश में उड़े जो पतंग,
निज मस्ती में अनन्त मस्त मलंग।
उसको सम्भालती हुई मैं डोर हूँ,
मैं अब जिन्दगी के रंगों से सराबोर हूँ।

प्रकृति का रंग होता मतवाला,
कभी नभ में छाता बादल काला।
रिमझिम बरखा हरियाली लाती,
काली कोयल मीठा गीत सुनाती।
देख अनुपम छवि मैं नाचता मोर हूँ,
मैं अब जिन्दगी के रंगों से सराबोर हूँ।

अब जीवन में हर रंग सजाती,
इन्द्रधनुष सी खिलखिल आती।
भरती मुस्कान किसी आनन में,

करूँ ख्वाब पूरे जो देखे जीवन में।
अब नहीं मैं अन्तर्मन का शोर हूँ,
मैं अब जिन्दगी के रंगों से सराबोर हूँ।

रिश्ता जड़ और तने का

जड़ और तना दोनों मिल, एक दरख्त विशाल बन जाता है,
दोनों एक दूजे बिना, अधूरे पति पत्नी का रिश्ता नजर आता है।

जड़ें होती हैं कोमल नाजुक, नजर किसी को न आती हैं,
एक नारी सम ही चुप-चाप अपना, काम करती जाती है।

तन कर रहता तना सदा, एक पुरुष का आभास कराता है,
टिका हुआ है जड़ से फिर भी, आधार वही कहलाता है।

दोनों एक दूजे के पूरक, जब यह समझ में आता है,
सुन्दर पुष्प पत्तों से शोभित, परिवार फलित होता जाता है।

तू डोर मैं पतंग

तू डोर मैं पतंग,
उड़ूँ दूर तक अनन्त,
बस ये डोर न टूटे,
ये साथ न छूटे।

बन्धी डोर से लहराऊँ,
इतराऊँ आसमान में,
बिन तेरे न अस्तित्व,
मेरा इस जहान में।

जल बिन मछली
रह नहीं सकती,
बिना डोर पतंग भी,
टिक नहीं सकती।

बरखा बिना सावन,
लागे सूना-सूना,
डोर बिना पतंग,
मिलेगी किसी कोना।

चाँदनी बिना चाँद,
किसी को न भाए,
डोर ही पतंग के,
जीवन में रंग लाए।

रुख बदले हवा का,
पतंग बल है खाती,
कभी छोड़ कभी खींच,
डोर ही उसे बचाती।

न होती पतंग,
पूछे न कोई डोर,
पतंग संग ही छुए,
आसमान का छोर।

उलझ जाती कहीं,
गाँठ भी पड़ जाती,
पतंग संग बिना,
टूट बिखर जाती।

पति-पत्नी के जैसे,
एक दूसरे को थामें,
तू डोर मैं पतंग,
ये सारा जग जाने।

बस बोलते नहीं पर प्यार जता जाते हैं

प्यार की नहीं होती परिभाषा,
यह तो है दिल की भाषा।

जब बैठ जाती हूँ कभी चुपचाप,
तुम चले आते हो मेरे पास,
लेते हो हाथों में मेरा हाथ,
मुझे महसूस कराते हो खास।
बस बोलते नहीं पर प्यार जता जाते हैं॥

कभी टीवी देखते हुए मेरी आँख लग जाती है,
मुझे सोता हुआ पाते हैं
बिना शोर किए टी.वी. बन्द कर मुझे चद्दर ओढ़ा जाते हैं।
बस बोलते नहीं पर प्यार जता जाते हैं॥

कभी इतवार की सुबह होती,
और मेरी नींद नहीं खुलती,
तो आकर पर्दा खींच जाते हैं,
मेरे उठने पर गरमा-गरम चाय बेड पर ही पिलाते हैं।
बस बोलते नहीं पर प्यार जता जाते हैं॥

जब बच्चे पढ़ने के लिए दूर जाते हैं,
और मेरी आँखें छलक आती हैं,
वो पीछे से आकर कन्धे पर मेरे हाथ रख जाते हैं।
बस बोलते नहीं पर प्यार जता जाते हैं॥
क्योंकि प्यार की नहीं होती परिभाषा,
यह तो है दिल की भाषा।

खुशियाँ तलाशती जिन्दगी

मैंने देखी है एक भागती दौड़ती जिन्दगी,
फुर्सत पल की नहीं, वो खुशियाँ तलाशती जिन्दगी।

एक मकान को घर बना उसे सँवारती जिन्दगी,
प्यार की रंगोली सजा उत्सव मनाती जिन्दगी।

सबकी पसन्द का ध्यान, खुद से ही अनजान जिन्दगी,
दूसरों के मुस्कान बिखेर, स्वयं की हँसी से दूर जिन्दगी।

औरों के सपनों को पूरा कर, रातों को जागती जिन्दगी,
अपनी इच्छाओं को दबा, सदा मुस्कुराती जिन्दगी।

उलाहनो से अपनी झोली भर, प्यार लुटाती जिन्दगी,
न शिकन, न शिकवा, न शिकायत जिन्दगी।

नदी की धार सी अनवरत, बहती हुई जिन्दगी,
कोरे कागज पर लिखी, अनपढ़ी सी जिन्दगी।

सदा खुशियाँ तलाशती, एक गृहणी की जिन्दगी,
हाँ मैंने देखी है, एक भागती दौड़ती जिन्दगी।

वह जिए जा रही थी

एक बेजान रिश्ते की आड़ ले, वह जिए जा रही थी,
अपने हर दर्द, हर गम को, वह भुलाए जा रही थी।

दफ़ना दिए हर स्वप्न, अपने शौक, हर पसन्द,
दूजे के शौक को अपना, वह बनाए जा रही थी।

माता-पिता की दी सीख, पति ही परमेश्वर हैं,
न चाहते हुए भी रिश्ता, वह निभाए जा रही थी।

जिस घर में बीता बचपन, वह तो सुना था पराया,
ससुराल में भी पराएपन, वह झेले जा रही थी।

कभी पत्नी, कभी बहु, कभी भाभी, कभी माँ,
हर किरदार बिना उफ, वह निभाए जा रही थी।

आवरण सा चढ़ा लिया था, अपनी जीवन किताब पर,
छुपा उसमें दर्द के आँसू, वह पिए जा रही थी।

दुनिया की नजरों में जो खूबसूरत सा था रिश्ता,
हट गया एक दिन जब, वह झीना सा पर्दा।

फिर से पैबंद न लगा, उतार उसे फेंके जा रही थी,
'जी ले जरा' भाव मन में ले, उड़े जा रही थी।

मन की वेदना

वेदना किससे कहे वह अपने मन की,
पाया उसी से जिसे धुरी माना जीवन की।

हर पल अपमान का घूँट वह पीती है,
घुट-घुट मरती वह जैसे-तैसे जीती है।

अश्रुपूरित नयन उसके, दरिया कोई गहरी है,
सूख गये अब तो वह भी, बीच भँवर में ठहरी है।

भूल गई अपनी पहचान, उसकी भी कोई आन है,
बस जिए जा रही यूँ ही, जैसे कोई बे-जान है।

आहुति दे दी स्वयं की, जीवन प्रश्न समान है,
कुछ भी करले, कहलाए अवगुणों की खान है।

सुलग रही वेदना ज्वाला में, जल रही सरेआम है,
अहम को ऊँचा रखना क्या पुरुषों का बड़ा काम है।

समाज का यह कैसा स्तम्भ बना यह आधार है,
पुरुष के पीछे रहती नारी ही, सभ्य समाज का सार है।

अन्त करो इस पीड़ा का, कहीं तो कोई पार है,
या यूँ ही यह चलता रहेगा, जब तक यह सन्सार है।

'सॉरी' केवल एक शब्द नहीं

सुना है बड़े बुजुर्गों से, न बढ़ाओ रिश्तों में दूरी,
चलानी है रिश्तों की गाड़ी, तो कह दो कोई भी सॉरी।

'सॉरी' केवल एक शब्द नहीं, जो चाहे जब बोल दिया,
जिसने भी बोला है, क्या उसके दिल का टोह लिया।

अपने जज्बात को रख ताक पे, सॉरी जब वो बोल रहा,
रिश्तों को बचाने की आड़ में, निज सम्मान वो खो रहा।

जो सॉरी शब्द सुनता है, उसका तो अहंकार बढ़ा,
मैं तो शुरू से ही सही, मन में यह गुमान चढ़ा।

एक झुका है एक उठा है, फिर कैसे दोनों समान हुए,
'सॉरी' ने तो बढ़ाई है दूरी, जो दिलों के दरमियान हुई।

एक ने निज सम्मान से बढ़कर, रिश्तो को ऊँचा समझा है,
दूजा भरा अभिमान में 'मैं सही था' गर्व से कहता है।

हो जाएँगे दोनों एक, रिश्तों की गाड़ी तो चल जाएगी,
बन गई जो दिलों में दूरी, क्या ये 'सॉरी' मिटा पाएगी ?

एक खेल

पत्नी को पति से उपहार पाने का मन आया,
इसके लिए उसने एक शानदार तरीका अपनाया।
उसने पतिदेव से बोला, चलो आज एक खेल खेलेंगे,
जो हार जाएगा वह जीतने वाले को एक उपहार देंगे।
पतिदेव को अपने दिमाग पर थोड़ा ज्यादा ही था विश्वास,
तुरन्त हामी भर ली, धर मन में जीतने की पूरी आस।
पत्नी ने कहा मैं एक शब्द बोलूँगी, आपको बताना होगा फल है या रंग,
सही बताए तो आप जीते, नहीं तो हार माननी होगी संग-संग।
"ऑरेंज" शब्द पत्नी ने फरमाया, पतिदेव का तो पूरा सिर चकराया,
पत्नी मन ही मन मुस्कुरा रही थी, अपने जीत के तरीके पर इतरा रही थी।

प्रियतम तुम्हारे कारण

यह जीवन यदि सुन्दर स्वप्न सलोना है तो सिर्फ तुम्हारे कारण,
इस मन का हर ख्वाब यूँ ही सच होना है तो सिर्फ तुम्हारे कारण।

बरसो बीते संग चलते-चलते, नया-नया सा लगता हर दिन,
सतत निरन्तर जो साथ तुम्हारा, जीवन एक सफर हसीन।
भरा हुआ भावों से इस दिल का हर एक कोना है
तो मेरे प्रियतम सिर्फ तुम्हारे कारण।

सहज प्रेम तुमने बरसाया, प्यार भरा परिवार बनाया,
भुला दिया सारी भूलों को, प्रतिपल नव विश्वास जगाया।
नहीं कभी यह बन्धन अब ढीला होना है
तो मेरे प्रियतम सिर्फ तुम्हारे कारण।

साथ तुम्हारा अनुपम तोहफा कुदरत ने जो बक्शा,
नहीं उऋण हो पाएँगे, न होने की अभिलाषा।
पाया जो भी शुभ हमने, उसे संजो कर रखना है
तो मेरे प्रियतम सिर्फ तुम्हारे कारण।

दीप से दीप जलता ऐसे, प्रेम से प्रेम उपजता,
प्रेम तुम्हारा ही अन्तर में, मेरा बन कर सजता।
प्रेम का हर क्षण तुम पर अब अर्पित होना है
तो मेरे प्रियतम सिर्फ तुम्हारे कारण।

रिश्ते

रिश्ते

जीवन का हर पल रिश्तों के इर्द-गिर्द घूमता है और जीवन में रस घोलता है। कुछ रिश्ते जन्म से होते हैं तो कुछ दिल के तारों से जुड़ते हैं।

सास बहू का रिश्ता हो या पिता पुत्र का, प्रत्येक रिश्ता अपना रंग बिखेरता जीवन को सतरंगी रंग में सजाता है।

हर रिश्ता होता खास है,
दिलों को जोड़ता पास है।
खट्टा-मीठा देता यह स्वाद,
खूबसूरत सा एहसास है।

पहली बार लिया गोद में

जब पहली बार तुम्हें लिया गोद में, वो कोमल स्पर्श आज भी याद है,
छोटे-छोटे हाथों से मेरी उँगली थामी, वह स्पर्श मुझे आज भी याद है।

मुझे देख तुम्हारे चेहरे पर मुस्कान आती,
मेरी गोद में आने को नन्हे-नन्हे हाथों को बढ़ाती।

तुम्हारी पायल की छम-छम जब गूँजती घर में,
जैसे मधुर संगीत छा गया हो जीवन में।

तुम्हारी तुतलाती आवाज, मासूम से सवाल,
एक का जवाब दूँ तो छट दूसरा तैयार।

कितनी चंचल, कितनी चुलबुली चहकती चिड़िया सी तुम,
साए की तरह मेरे चिपकी रहती, मेरी नन्ही गुड़िया थी तुम।

जब विद्यालय जाना किया था तुमने शुरू,
जीवन में पहली बार हो गई थी मुझसे दूर।

उस दिन तुम भी बेचैन मुझको भी चैन नहीं,
वह कुछ घण्टे सदियों से लग रहे थे कहीं।

उड़ता गया समय मानो पंख लगा कर,
हो रही बड़ी तुम भी ऊँचे सपने सजा कर।

चली गई तुम दूर अपने सपनों को करने साकार,
अब तो बस रहता है सदा तेरे आने का इन्तजार।

जहाँ भी रहो तुम रहो खुश और आबाद,
हमारा आशीष सदा रहेगा तुम्हारे साथ।

ममता की मूरत

माँ ममता की मूरत होती,
वात्सल्य से झोली भरती।
माँ दीपक है माँ है ज्योति,
माँ आशा के मोती पिरोती।

माँ के आँचल की छाँव में,
लगे जन्नत सा सारा जहान।
माँ प्यार की मीठी थपकी,
माँ है सपनों का आसमान।

माँ होती सबकी प्रथम गुरु,
माँ संस्कृति, माँ गंगा पावन।
नहीं गई विद्यालय फिर भी,
पढ़ लेती वो बच्चों का मन।

हर इच्छा को पूरी करती,
माँ है ऐसी जादू की छड़ी।
माँ ही कहानी वाली परी,
जो होती सदा साथ खड़ी।

माँ है लोरी, माँ है निन्दिया,
माँ सुकून है, माँ आशीष।
माँ जननी है संस्कारों की,
माँ इस धरा पर रूप ईश।

पिता का दर्द

एक पिता का दर्द कोई न समझ पाता है,
जब वह अपनी लाडो को विदा कराता है।

जिसे अपनी बाँहों में झुलाया,
बैठा अपने कन्धों पर घुमाया।
उसे जब डोली में बिठाता है,
कोई वो दर्द न समझ पाता है।

उँगली थाम जिसे चलना सिखाया,
कदम से कदम बढ़ना सिखाया।
हाथों से जब कन्यादान करता है,
कोई वो दर्द न समझ पाता है।

बेटी के हर शौक को पूरा करता,
हौंसलों को खुला आसमान देता।
नन्ही चिड़िया को दूर उड़ाता है,
कोई वो दर्द न समझ पाता है।

जिससे घर उपवन महकता था,
दिल का हर कोना चहकता था।
रौनक को खुद से दूर कराता है,
कोई वो दर्द न समझ पाता है।

एक पिता का दर्द कोई न समझ पाता है,
जब वह अपनी लाडो को विदा कराता है।

पावन रिश्ता राखी का त्योहार

भाई-बहन के पावन रिश्ते का यह राखी का त्योहार है,
कितने भी बड़े हो जाएँ पर कम न होता प्यार है।

बहन यदि छोटी होती तो हक से लेती अपना उपहार,
बड़ी बहन अगर वो होती तो माँ सम लुटाती वो निश्चल प्यार।

शादी हो बहन ससुराल गई, राखी का करें सदा इन्तजार ,
भाई बहन के पावन रिश्ते का, कितना अनुपम यह त्योहार।

खोज रही बहना ऐसी राखी, जो सजाए भाई की कलाई,
माँ से सीखी थी जो मिठाई, आज भाई के लिए वह खास बनाई।

पलके बिछाये बैठा भाई, क्यों बहना ने इतनी देर लगाई,
बचपन की यादों में जाकर, आँखें उसकी भर आई।

सोच रहा है ऐसा क्या दूँ, जो बहना के दिल को भाये,
बस में हो भाई के तो वो, चाँद तारे भी तोड़ लाए।

भाई बहन का यह पावन नाता,
पर्व राखी और मजबूत बनाता।
उम्र में चाहे बड़ा हो या छोटा,
जिम्मेदारी भाई खूब निभाता।

सरहद पर भाई

रक्षाबन्धन का प्यारा त्योहार आया,
मन में उमंग हजार वह लाया।
बहन हाथ में ले रेशम का धागा,
नजरें ताक रही खोल दरवाजा।

माना सरहद पे दुश्मन है भारी,
हर पल रहती युद्ध की तैयारी।
बहन के दिल को समझा न पाऊँ,
हर राखी पे बैठ मैं आस लगाऊँ।

अब नहीं हो मात्र तुम मेरे भाई,
भारत माँ की भी तुम पे जिम्मेदारी।
मैं बचपन तेरा याद कर लूँगी,
मुँह मीठा भी गुड़ से कर दूँगी।

तिलक लगाया जो माटी का तुमने,
मैं सम्मान उसका मिटने न दूँगी।
माँ बाबा का भी पूरा ध्यान रख लूँगी,
उनकी आँखों में आँसू आने न दूँगी।

जहाँ हो वहाँ तुम सुरक्षित रहो,
कच्चे धागे की डोर से रक्षित रहो।
रक्षाबन्धन का प्यारा त्यौहार आया,
मन में उमंग हजार वह लाया।

बचपन का एटीएम

दादी के पल्लू की छोर में जो रुपया बन्धा होता था,
बचपन में एक ATM मेरे पास भी हुआ करता था।

कभी खाली न होने वाला वो एक खजाना था,
छोटी-छोटी इच्छा पूरा करता वो अनोखा नजराना था।

कुछ भी पाने का मन में आया, नज़र उस ATM पर जाती थी,
दादी भी अपने उस छोर खोल, मेरी इच्छा पर मुस्कुराती थी।

चुपके से पैसे लेकर, दौड़ मैं बाज़ार जाती थी,
कोई सपना हुआ पूरा, वैसे ही नाचती आती थी।

अब भी मुझे उस ATM की याद आती है बेशुमार,
उस पल्लू के छोर में जाने कितना भरा था प्यार।

काश सबके जीवन में वो एक ATM आ जाए,
जीवन की भागमभाग से निकल, सब शान्ति से जीवन बिताएँ।

महकी आँगन बगिया

सुनहरे सपने नयन सजाए,
छोड़ मायके की गलियाँ।
आई एक बिटिया घर मेरे,
महकी मेरी आँगन बगिया।

देखूँ उसमें खुद की परछाई,
यादें मन में ताजा हो आई।
बरसों पहले खड़ी जिस देहरी,
आरती थाल मैं हाथों में लाई।

चहक उठेगा अब मेरा आँगन,
खनकेगा जो हाथों का कंगना।
चाँद से चमके सदा तेरा मुखड़ा,
बन गया मेरे दिल का टुकड़ा।

एक सखी बनाकर बाटूँगी मैं,
उसके दिल के हर जज्बात।
नमन करूँ उन माता-पिता को,
जिसने दी अपनी अनमोल सौगात।

रूठ कर तुमसे ए दोस्त

रूठ कर तुमसे ए दोस्त, कैसे मैं खुश रह पाऊँगा,
कितनी भी हो जाए नोकझोंक, मैं दूर न जा पाऊँगा।

जब भी मैं था खड़ा अकेला, साथ मैंने तेरा पाया,
खुद से ज्यादा मैंने तुमको, मेरे लिए चिन्ता में पाया।
तेरे जैसा निश्चल प्यार और कहाँ से लाऊँगा,
रूठ कर तुमसे ए दोस्त, कैसे मैं खुश रह पाऊँगा।

जब कभी मैं हुआ हताश, आकर तुम मेरा विश्वास बने,
छाया बन कर रहे पास, एक सुन्दर सा एहसास बने।
एहसासों की उस गठरी को, मैं कैसे छोड़ पाऊँगा,
रूठ कर तुमसे ए दोस्त, कैसे मैं खुश रह पाऊँगा।

कितनी भी रंगीन हो महफिल, तुम बिन लगता सूना-सूना,
कई सालों का यह रिश्ता, बस गया दिल में कोना-कोना।
वह हँसी, ठहाके, नाच में ठुमके, मैं कहाँ से लाऊँगा,
रूठ कर तुमसे ए दोस्त, कैसे मैं खुश रह पाऊँगा।

वह पुरुष है

हाँ, वह पुरुष है, जीवन भर कितने फर्ज निभाता है,
जिम्मेदारी का बस्ता कन्धों पर, जन्म से साथ वह लाता है।
उसके आने का सन्देश गाँव में, थाल बजा पहुँचाया जाता है,
कुलदीप बता कुल रोशन करने का, विश्वास जगाया जाता है।

नन्हें से हाथों में जाने, कितनी राखी बान्धी जाती है,
हर धागे का मान रखेगा, यह मुहर लगा दी जाती है।
'भाई होकर बहन को रुलाता' कह, खिलौना बहन को दिया जाता है,
बचपन से ही बलिदान सिखा उसे, बहादुर बच्चा बताया जाता है।

'लड़का होकर रोते हो' कह, जज्बात को दबाया जाता है,
चोट लगी तो हँसते हुए, दर्द छिपाना सिखाया जाता है।
सुन्दर भविष्य बनाने को उसे भी घर छोड जाना पड़ता है,
माँ के हाथों के खाने को खूब तरसता नजर आता है।

पूरे परिवार की जिम्मेदारी हँसकर, कन्धों पर ले लेता है,
पुत्र, भाई, पति, पिता के रिश्तो में, स्वयं को भूल जाता है।
हर जिम्मेदारी को निभाते, उम्र के पड़ाव को पार करता जाता है,
शौक नहीं पालता कोई जीवन में, गम्भीर चुपचाप सा नजर आता है।

बच्चों के सपनों को पूरा करता, एक देवदूत सा खड़ा हो जाता है,
दिन भर लगा रहता काम में, सपनों में भी फर्ज ही नजर आता है।
लाडो से प्यार दिल में अपार, पर विदाई पर आँसू न छलका पाता है,
हाँ, तुम पुरुष हो! कह दृढ़ता से खड़ा रहना सिखाया जाता है।

जीवन लगेगा सुहाना

रिश्तो में रखो सदा चटपटी चटनी सा स्वाद,
जीवन लगेगा आपको फिर बड़ा लाजवाब।

थोड़ा सा उसमें डालना मस्ती का गरम मसाला,
सदा कुछ सीखते रहना, जीवन हो जैसे पाठशाला।

प्यार की मिठास भी गुड़ सी जरा घोलना,
मीठी-मीठी वाणी ही सदा मुख से बोलना।

चिमटी भर नमक बिना भी आएगा न मजा,
उत्सव सा होगा मन, जीवन लगे न कोई सजा।

हींग और जीरे का फिर तड़का भी लगाना,
गुनगुनाता गीत सा जीवन लगेगा सुहाना।

सपनों का घर

वो घर बड़ा हसीन होता दिल के करीब है,
मिले ऐसा परिवार, वो बहुत खुशनसीब है।

खुशियों से लबालब, प्यार से परिपूर्ण,
सुनाई देती जहाँ, केवल ठहाके की गूँज।

बिन कहे समझे जो एक दूजे की भाषा,
सबके मन की हो जहाँ पूरी अभिलाषा।

शाम ढले सब हो मिलने को बेकरार,
आँखों में चंचलता, मस्ती भरी तकरार।

तकलीफ में हो साथ निभाने को तैयार,
न हो कोई अहम भाव, न जीत या हार।

बुजुर्गों के चेहरे पे छाए आनन्द की फुहार,
बच्चों से छलके मासूम निश्चल सा प्यार।

हर मौसम उत्सव, हो खुशियों की बहार,
जन्नत सा लगे जब वह छोटा सा संसार।

इन्द्रधनुष सा सतरंगी प्यार की फुहार,
प्यार की खुशबू से महके घर का द्वार।

मौसम
और
उत्सव

मौसम और उत्सव

जिन्दगी का सफर अपनों और अपने परिवार के साथ चलता जाता है। कभी संस्कृति के रंग बिखेरते, त्यौहार मनाते हुए तो कभी प्रकृति के अलग-अलग मौसम का आनन्द लेते हुए। हर उत्सव रिश्तो में सरसता और दृढ़ता लेकर आता है। आस्था और विश्वास की झलक होते हैं त्यौहार। खुशी मनाने का दूसरा नाम है त्यौहार।

एक साथ हो जाता सारा परिवार,
मिलकर मनाते हैं तीज त्योहार।
हर मौसम अपना रंग बिखेरता,
भरती हममें नई ऊर्जा का संचार।

नव वर्ष हमारा आता है

जब खिले प्रकृति का कण-कण,
दिखे सब ओर उल्लास उमंग।
सिन्दूरी आभा सूरज लाता है,
तब नव वर्ष हमारा आता है।

लगता जब माता का जयकारा,
घर-घर हो गवरजा सिंजारा।
गौर गीतों से आँगन सजता है,
तब नव वर्ष हमारा आता है।

जब मंगलध्वनि का गान बजे,
द्वार-द्वार पर बन्दनवार सजे।
राम जन्म का आनन्द छाता है,
तब नव वर्ष हमारा आता है।

नव पल्लव से सज आती डाली,
झूम-झूम जाती गेहूँ की बाली।
जब सरसों नृत्य कर लहराती है,
तब नव वर्ष हमारा आता है।

जब भँवरे की गुंजन आती,
तितली उपवन में मंडराती।
मन आल्हादित हो जाता है,
तब नव वर्ष हमारा आता है।

आम्र वृक्ष पर बोराई छा जाती,
कोयल जब मीठा राग सुनाती।
पुष्प पलाश का खिल जाता है,
तब नव वर्ष हमारा आता है।

आया शुक्ल प्रतिपदा चैत्र मास,
ब्रह्मा ने रची यह सृष्टि आज।
अवनी से अम्बर सज जाता है,
तब नव वर्ष हमारा आता है।

अक्षय तृतीया

स्वयं सिद्ध, अबूझ, शुभ मंगल घड़ी है आई,
अक्षय तृतीया की सबको बधाई हो बधाई।
सतयुग, त्रेतायुग की भी आज हुई शुरुआत,
ब्रह्मापुत्र अक्षयकुमार का जन्मदिवस आज।
ऋषि जमदग्नि के आश्रम में बजे हैं आज थाल,
जन्म हुआ परशुराम का विष्णु के छठे अवतार।
स्वर्ग से उतरी धरा पर करने भक्तों का उद्धार,
शिवजी की जटा से हो बही पावन गंगा धार।
मिले श्रीकृष्ण और सुदामा द्वारिका में आज,
त्रिलोकीनाथ ले रहे भरमुट्ठी चावल का स्वाद।
श्री गणेश हुआ महाभारत ग्रन्थ लेखन का आज,
वेदव्यास और श्री गणेश दोनों बैठे हैं आज साथ।
आज ही पाण्डु, युधिष्ठिर ने अक्षय पात्र था पाया,
कुरुक्षेत्र युद्ध समाप्ति का दिन भी आज आया।
वृन्दावन में होती आज भीड़ भक्तों की है भारी,
बांके बिहारी श्री विग्रह दर्शन में खड़े नर-नारी।
आज ही बद्रीनाथ धाम के खुल जाते द्वार,
भक्त दर्शन को खड़े कर रहे जय जयकार।
नए कार्य करे शुरुआत अतिशुभ फलदायक आज,
अक्षय रहेगा आज किए दान पुण्य आदि का लाभ।

सातुड़ी तीज

भादवा कृष्ण तृतीया आई,
सातुड़ी तीज की सबन बधाई।
पसर कलेवा से करो शुरुआत,
पुरानी रीतां न राखो याद।
नीमड़ी माता पाटा पर बनाई,
चुनर ओढार माता न सजाई।
तिलक, दीयो कर पिंडा सू जीमाई,
काचा दूध, पानी से भरी तलाई।
बीम देखो नीमड़ी कसूमल, मोती,
साग बोलो दिखी, दिखी जसी टूटी।
तीज माता की कहानी कहो,
सुनबाला सगला हुंकारा भरो।
परिक्रमा कर करो प्रणाम,
हे माता, भूल-चूक करो माफ।
चाँद देखर अरग दीजो,
आकड़ापत्ता पर पिंडा पासीजो।
सातुड़ी तीज की सगला ने बधाई,
तीज माता सब न आशीष देती जाई।

शरद पूर्णिमा

देखो-देखो चाँद आया,
अपनी शीतल चाँदनी लिए।
धवल दुग्ध सी रोशनी में,
नभ धरा ने है स्नान किए।

चहुँ ओर फैला उजियारा,
शरद पूर्णिमा का प्रकाश।
अमृत रस है बरस रहा,
सज रहा आज महारास।

कृष्णा ने राधा गोपियों संग,
छेड़ी मधुर बंसी की तान।
सभी नाचे मगन कृष्णमय,
सुध-बुध का नहीं भान।

जब हो रहा था समुद्र मन्थन,
शरद पूर्णिमा की थी रात।
महालक्ष्मी हुई प्रकट तब,
मनमोहक अप्रतिम श्रृंगार।

चाँदनी रात में रखते खीर,
सदियों से चल रहा रिवाज।
अमृत किरणें उसमें मिलकर,
खीर बनती एक महाप्रसाद।

सोलह कलाओं से परिपूर्ण,
शरद पूर्णिमा का होता चाँद।
दिव्य अमृत रश्मि में स्नान,
है औषधीय गुणों की खान।

सच्ची दिवाली

जब दूर दराज से अपना कोई, लौटकर आता है घर,
सचमुच उसी दिन होती दिवाली, जगमग हो जाता है घर।
जब परिवार में उठती है गूँज, हँसी के ठहाकों की,
धीमी पड़ जाती है तब, आवाज तेज पटाखों की।
जहाँ बड़ों का मान सम्मान और बोली मीठी होती है,
लड्डू, बर्फी से भी मीठी वो मिठाई दिवाली की होती है।
जहाँ बच्चों की चंचलता से, आँखों में चमक आ जाती है,
फुलझड़ी से भी बढ़कर वो चमक सब ओर छा जाती है।
जहाँ आसमान से भी ऊँचा कोई सपना देख पाता है,
दिवाली का रॉकेट भी वहाँ नहीं पहुँच पाता है।
जो सोच अन्धकार से, उजाले की ओर ले जाती है,
सही मायने में वही दिवाली होती है, वही दिवाली होती है।

मकर संक्रान्ति

पतंग की तरह जीवन में ऊँचा उठ जाए,
तिल के लड्डू की तरह सबसे घुल-मिल जाए।
घेवर की जाली की तरह खुद से निराशा मिटाएँ,
फीणी के महीन तारों की तरह आप में मृदुलता भर जाए।
गुड़ से बने गुलगुले आपके जीवन में मिठास लाएँ,
दाल के बड़े की तरह आप थोड़ा नमकीन भी हो जाएँ।
रेवड़ी व गजक की तरह जीवन में दृढ़ता लाएँ,
गरीबों को दान देकर थोड़ा पुण्य भी कमाएँ।
मकर सक्रांति की आपको ढेरों शुभकामनाएँ॥

होली आई

रंग है, गुलाल है, फूल है, बहार है,
आया-आया देखो, होली का त्यौहार है।

गेहूँ की बालियाँ हैं, झुकी हुई डालियाँ हैं,
सोना निपजे देखो यह खेत खलिहान है।
आया-आया देखो, होली का त्यौहार है॥

रंगों की रंगोली है, झूम रहे हमजोली है,
बच्चों और बड़ों की टोली भी तैयार है।
आया-आया देखो, होली का त्यौहार है॥

नाचते मयूर है, खुशियाँ चहुँ ओर है,
नजर जहाँ भी जाए, वहीं हँसी की फुहार है।
आया-आया देखो, होली का त्यौहार है॥

लताओं से घिरा कुंज है, भंवरों की गूँज है,
रंग बिरंगी तितलियाँ, दिखे हर छोर है।
आया-आया देखो, होली का त्यौहार है॥

चंग की धमाल है, ढोलक की थाप है,
होली के गीतों से, गूंजे घर-घर द्वार है।
आया-आया देखो, होली का त्यौहार है॥

ठण्डाई संग भांग है, होली के रूप व स्वांग है,
नगाड़ों पर गीदड़ नाच की धमाल है।
आया-आया देखो, होली का त्यौहार है॥

पानी की पिचकारी है, फूलों की फुलवारी है,
बरसाना में देखो, होली लट्ठमार है।
आया-आया देखो, होली का त्यौहार है॥

बुराई का करे दहन, सच्चाई जीते हरदम,
दिल में है अरमान, हो जाए ऐसा चमत्कार है।
आया आया देखो होली का त्यौहार है॥

बसन्त की बहार

सुन री सखी, इठलाता, झूमता, गाता आया ऋतुराज बसन्त,
आल्हादित मन प्रसन्न, चित्त संग लाया उल्लास उमंग।

स्वागत करने ऋतुराज का, धरा ने पीली चुनरी धारी,
रंगबिरंगे फूलों ने मिल, सजाई है सुन्दर फुलवारी।

नव पल्लव, नव कोंपल से लद गए, हर वृक्ष-डाल,
आम्र वृक्ष पर आई बोराई, कोयल सुना रही है राग।

भँवरों का गुनगुन गुंजन, गा रहा जैसे मल्हार,
शीतल सुरभित बहे पुरवाई, भरे नव उर्जा संचार।

बसन्त पंचमी पर्व है आया, पीत वसन सब लिया धार,
पीले चावल का भोग लग रहा, गूँज रहा मंत्रोच्चार।

जेठ की तपन और गाँव का बचपन

गाँव में बच्चों को भला,
कब सताती गर्मी की तपन।
भरी दुपहरी में भी रहते,
सदा वो शैतानी में मगन।
माँ की डाँट डपट कर,
दिन में जबरदस्ती सुलाना।
आँख लगते ही माँ की,
चुपके से निकल जाना।
वो सिलबट्टे पे पीसी ठण्डाई,
वो खरबूजे का मीठा पना।
वो मतीरे की लम्बी फाँके,
वो आम की गुठली चूसना।
दुपहरी में गेहूँ की धानी,
वो मटके का ठण्डा पानी।
नीम के पत्तों की हवा,
मानो होती गर्मी की दवा।
कभी गट्टे तो, कभी कंचे,
दोस्तों संग समय बिताते।
गर्मी की लू को तो हम,
दूर से ही आँख दिखाते।
वह गर्मी का सुहाना बचपन,
भुलाए न\ भूले उसे मेरा मन।

सावन आया

सावन आया, सावन है आया, रिमझिम बरखा संग लाया,
आसमान से काली बदरी ने, उमड़ घुमड़ शोर मचाया।
धरा का भव्य श्रृंगार हुआ है, हरियाली की ओढ़ली चुनर,
मोर पपीहा गाए मिलकर, गीत खुशी के कितने सुन्दर।
बागों में देखो पड़ गए झूले, हर्षोल्लास से छा रहे मेले,
पिया मिलन की आस लगाए, विरहिणी का मनवा है डोले।
हाथों में मेहन्दी है रचवाई, तीज त्यौहार संग यह लाई,
सजके लहरिया में सखियाँ, सोलह श्रृंगार करके आई।
बमबम का होता जयकारा, भोलेनाथ का श्रृंगार है प्यारा,
कावड़ियों भर लाते कावड़, संग में चढ़ाते आक धतूरा।
राधा संग कृष्णा रास रचाए, बंसीधुन से गोपियाँ रिझाये,
कदम्ब डाल पर बैठे कान्हा, प्यार रंग में सब रंग जाए।
रंगबिरंगे फूल हैं खिलते, भौंरे भी गुनगुन है करते,
कलियाँ झूम रही डाली पर, सावन आने का सन्देश देते।
सावन आया सावन है आया॥

सर्दी की ऋतु

नए साल का स्वागत करें,
दिसम्बर यह पैगाम है लाया।
जाते-जाते हाड़ कंपाती,
सर्द हवा का झोंका लाया।

सूरज आँख मिंचोली खेल,
बादल में छुप जाता है।
ओस सम बिखरे मोती को,
देखने बीच में आता है।

निकले स्वेटर शॉल रजाई,
बन्दर टोपी सिर चढ बोली।
पराठे में समाने लगी है,
गोभी, मटर, पालक व मूली।

लड्डू बन रहे मेथी, गोन्द के,
गाजर हलवे की महक उठी।
तिल भी आते रूप बदलकर,
सजते तिलपट्टी, गजक, रेवड़ी।

हुई शुरू दाँतों की किटकिट,
उठे धुआँ जो मुँह है खोलें।
हर मोड़ अलाव जल रहे
किस्से कहानी मुँहचढ़ बोले।

यादें
जीवन
की

यादें जीवन की

हँसते गाते जिन्दगी का एक और खूबसूरत मोड़ आता है जो ठहरता है जिन्दगी की शाम पर। जहाँ बसती है यादें उन बीते खूबसूरत पलों की।

कभी बचपन का चबूतरा याद आता है तो कभी नानी की कहानी। कभी साथ बिताए लम्हे याद आते हैं तो कभी आती है हिचकी।

यादें जीवन का अनमोल नजराना,
हर पल को छूता ताना-बाना।
कभी दिल में उठती है एक आह,
कभी गुनगुनाता खुशी का तराना।

जीवन संध्या

जिन्दगी की साँझ जब ढलने को आई,
मन में छाई कई यादों की परछाई।

वह बचपन सलोना सा, माँ का प्यार,
भाई बहनों की मस्ती, पिता का दुलार।
उँचे आसमान में उड़ने की रहती थी चाह,
खेल-खेल में होता था गुड्डे-गुड़ियों का ब्याह।

शुरू हुआ जीवन का फिर नया अध्याय,
सात फेरों की रस्मों में जुड़ने का भाव।
जिन्दगी बढ़ती रही पल-पल यूँ ही आगे,
जुड़ते गए जीवन में नए रिश्तों के धागे।

बच्चों में ही दिखते अब सारे सपने सलोने,
भूलने लगी खुद को लगी खुद को ही खोने।
एक दिन यूँ ही हुआ आईने से सामना,
वक्त का पहिया मुश्किल था थामना।

जीवन की शाम ने दे दी थी दस्तक,
खुद से मुलाकात का अब यही था वक्त।
साँझ ही तो ढली है, रात तो बची है सारी,
उत्साह से चलो खेलें, जीवन की नयी पारी।

वह चबूतरे की ख्वाहिश

कई बार तस्वीर भी कितना कुछ कह जाती है,
बचपन में बीते लम्हों को फिर से सामने ले आती है।
आज यह चबूतरा सूना है जहाँ होते सभी इकट्ठे थे,
यहीं बैठकर तो हमने कभी कंचे गट्टे खेले थे।
कई बार होते झगड़े थे, चोटी भी तो खींची थी,
भाई बहनों की लड़ाई में होती धक्का-मुक्की थी।
छत पर जाती सीढी की भी यादें कई पुरानी है,
अनेकों बार गिरे इससे, कई जगह बनी निशानी है।
इन सीढी चबूतरों से पूछो जाकर दर्द कितना ये गहरा है,
अपने अस्तित्व को सम्भाले हुए अभी भी करते पहरा है।
चहल-पहल देखी जिसने सदा, आज सूना पड़ा यह चौक है,
सजता था जहाँ तुलसी बिङला, बड़ों को देते थे धोक है।
टूटी हुई मचली, गल गई मूँज खड़ी हुई है कोने में,
मेहमानों का होती आसन, काम आती थी सोने में।
गूँज रहे हैं हँसी ठहाके आज भी मेरे कानों में,
सभी हो गए बड़े अब तो नहीं आते बन्द मकानों में।
यादों का बवाल आ रहा, आँखों से बहता पानी है,
क्यों इतना आगे बढ़ जाते, छूट जाती पीछे जिन्दगानी है।

नानी की याद

अपनी नानी की परछाई थी,
मैं उनके रंग में रंग आई थी।
बचपन बीता उनके आँचल में,
असीम लाड में पली-बढ़ी थी।

छोड़ गई एक दिन जग को,
नानी मेरी क्यों रूठ गई।
कैसे, कहाँ मनाऊँ उनको,
पता उनका मैं ढूँढ रही।

सुबह जिनसे होती शुरुआत,
फूल भी दिख रहे थे उदास।
राह तक रही मासूम आँखें,
कब मन्दिर से लाएगी प्रसाद।

चिमनी भी बुझी हुई थी,
तेल नहीं था, न ही बाती।
जिस रोशनी तले सुने थे,
कहानी साँझ ढले बताती।

वह पोथी राम-राम की,
पन्ने जिसके थे मुड़े हुए।
तलाश रही उन उँगली को,
जो रोज उसे पलट करें।

सिलबट्टे के पत्थर को भी,
मानो एक चुप्पी थी छाई थी।
गर्मी की दुपहरी में नानी,
पीसती थी जिस पे ठण्डाई थी।

हाथों से सिला वह आसन,
मेरी नानी को रहा तलाश।
एक-एक टाँका कह रहा,
न खोना जीवन में आस।

हिचकी

बैठी अकेले थी हिचकी मुझे आई,
संग उसके ही माँ की याद भी आई।

बचपन में जब मुझे आती थी हिचकी,
मेरी माँ देती थी मेरी पीठ पर थपकी।

भाई बहन मिल मेरा ध्यान बँटाते थे,
नए-नए सवाल कर हिचकी भगाते थे।

प्यार से मेरी माँ सर हाथ फेरती थी,
गिलास पानी का दौड़ कर लाती थी।

जब आती है मुझे आज वही हिचकी,
माँ मुझे आती याद तेरी थपकी।

अनमोल उपहार

मेरे लिए था जीवन का सबसे प्यारा सा उपहार,
जब नन्हे-नन्हे हाथों से बिटिया ने बनाया था कार्ड।

उसमें कुछ रेखाएँ थी आड़ी और तिरछी,
रंग भरने की भी उसने कोशिश पूरी की थी।

रेखाओं के हर भाव को मैं तो पढ़ पाई थी,
मासूम प्यार से मेरी आँखें सजल हो आई थी।

माँ हूँ दिखती उसमें मेरी परछाई थी,
प्यारा सा कार्ड दे रही मुझे बधाई थी।

सहेज कर रखा कार्ड आज भी मेरे पास है,
प्यारा सा उपहार मेरे लिए बहुत खास है।

मेरे घर की खिड़की

मेरे मन को भाती है, खिड़की मेरे घर की,
जब भी होती हूँ अकेले, रहती मैं उधर ही।
ठण्डी हवा का झोंका जब मेरे गालों को छू जाता है,
माँ का ममतामई स्पर्श मानो मुझको सहला जाता है।
कभी फुदकती चिड़िया दिखती, जो सदा चहकती रहती है,
देख उसकी चंचलता को मेरे मन में एक ऊर्जा सी भरती है।
कभी दिख जाती पेड़ के नीचे बच्चों की कोई टोली है,
दिखता बचपन का अल्हड़पन, याद आती हँसी ठिठोली है।
हर मायूसी दूर भगाती, जब भी खिड़की से झाँका है,
हर दर्द को सिलने वाली मानो यह कोई सूई-धागा है।

तेरी बातें, मेरी बातें

चलो आज फिर से यादों के गलियारे में हैं जाते,
वहाँ करते हैं कुछ तेरी बातें, कुछ मेरी बातें।

वह बातें जो दिल को छू गई,
वह बातें जो मन में रह गई।
कुछ बातें जो अच्छी न लगी,
फिर भी हँसकर मुस्कुरा गई।

बातें जो बिना कहे ही समझ गई,
कुछ जो आँखों के इशारों से कही।
वक्त बीत गया यूँ ही चलते-चलते,
आज करें सिर्फ तेरी बातें, मेरी बातें।

याद करें छुप-छुप मिलन की रातें,
वो सर्द चाँदनी रात की मुलाकातें।
वो गिला शिकवा मीठी नोंक-झोंक,
एक दूजे से रूठने, मनाने की बातें।

धुन्ध छाई जो पुरानी यादों पर, मिटा आते हैं,
लिफाफा याद का खोलें, पढ़ मुस्कुराते हैं।

पदचाप

कभी-कभी मन करता है सोच,
उदास दिल करता ये अफसोस।

कहाँ कमी रह गई थी हमसे,
क्यों दूर हो गए हमसे बच्चे।

अहाते में बैठे आज अकेले,
दिलों में चलते यादों के मेले।

जब आया तू जीवन में हमारे,
अधूरे सपने ज्यों पूरे हुए सारे।

सूरत कितनी तेरी थी भोली,
मीठी-मीठी लगती थी बोली।

खुला आसमान दिया था हमने,
आगे बढ़ रहा था तू जीवन में।

ऊँचे हो गए थे जब तेरे सपने,
लगे हम अब तुमको छोटे लगने।

जाने कब तुम उड़ गया फुर्र,
पल में हो गया हमसे दूर।

आँखें हमारी तुम्हें ही ताकती,
सदा दरवाजे पर ही झाँकती।

हर पदचाप पर होते चौकन्ना,
आएगा कब अब मेरा मुन्ना।

तेरी आवाज का होता आभास,
थक गए हम, आजा अब पास।

मन में उठे भाव

उस दिन गहरा अन्धेरा छाया,
कुछ नजर न मुझको आया।
जब कोरोना ने किया प्रहार,
जीवन से मैं जा रही थी हार।

मन में जीने की इच्छा बाकी,
रिपोर्ट कुछ और कह जाती।
कभी सोचूँ, खोलूँ मैं डायरी,
पूरी करूँ कविता जो अधूरी।

कभी आया मैं फोन उठाऊँ,
सबसे अन्तिम बात कर जाऊँ।
कभी बच्चों के सर पर फेरूँ हाथ,
रखना ध्यान मेरे जाने के बाद।

कभी साथी से आँख मिलाऊँ,
इशारों से अलविदा कह जाऊँ।
सब छोड़ जाने की थी तैयारी,
हर आशा की किरण थी हारी।

दुआएँ कुछ ज्यादा थी भारी,
हरा कोरोना, जीत गई थी पारी।
वो काली रात जब याद आती,
साँसों की कीमत याद कराती।
उस दिन गहरा अन्धेरा छाया,
कुछ नजर न मुझको आया।

अन्तर्मन की व्यथा

सागर तट पर खड़ा मैं तन्हा बेचैन,
याद कर संगिनी को भर आए नैन।

साथ थी तो न जान पाया तुम्हें,
पुरुषत्व के अहम में डूबा था मैं।

कभी पढ़ न पाया तुझे मेरा मन,
उलाहनों से सजाया सदा तेरा दामन।

नहीं की कभी प्यार की मीठी दो बात,
नहीं देख पाया आँसू भरे तेरे गात।

ये लहरें जो उछल-उछल कर आती,
मेरे मन को और विह्वल कर जाती।

समझ न पाया दर्द जो मैंने तुझे दिया,
अन्तर्मन की व्यथा कहती सिसकियाँ।

जीवन की साँझ

जीवन की साँझ तो,
सुन्दर सा एहसास है।
खुद से मुलाकात करा,
लाती खुद के पास है।

बहुत दौड़ लगा लिए,
जिम्मेदारी निभा लिए।
दौड़ धूप में चैन गवाँ,
खुद को ही दगा दिए।

जो सपने कभी संजोए थे,
यूँ ही बैठ कभी पिरोए थे।
पूरा करें जीवन सन्ध्या में,
जो बीज कभी बोये थे।

आलम आया अब मस्ती का,
न परवाह जीवनकश्ती का।
खुल कर हँस ले, जी ले आज,
न रख झँझट अब गृहस्थी का।

लेखन, नृत्य या हो गायन,
खेलकूद हो या अभिनय।
भूलकर सब शंका संशय,
अब जीना है होकर निर्भय।

चाहे दवाइयों पर डेरा हो,
छाया आँखों आगे अन्धेरा हो।
आशा का दीप जले सदा,
बस मन कमजोर न तेरा हो।

सुनहरी साँझ बीत जाएगी,
यूँ ही गीत गुनगुनाते हुए।
हँसते खिलखिलाते हुए,
झूमते हुए, मुस्कुराते हुए।

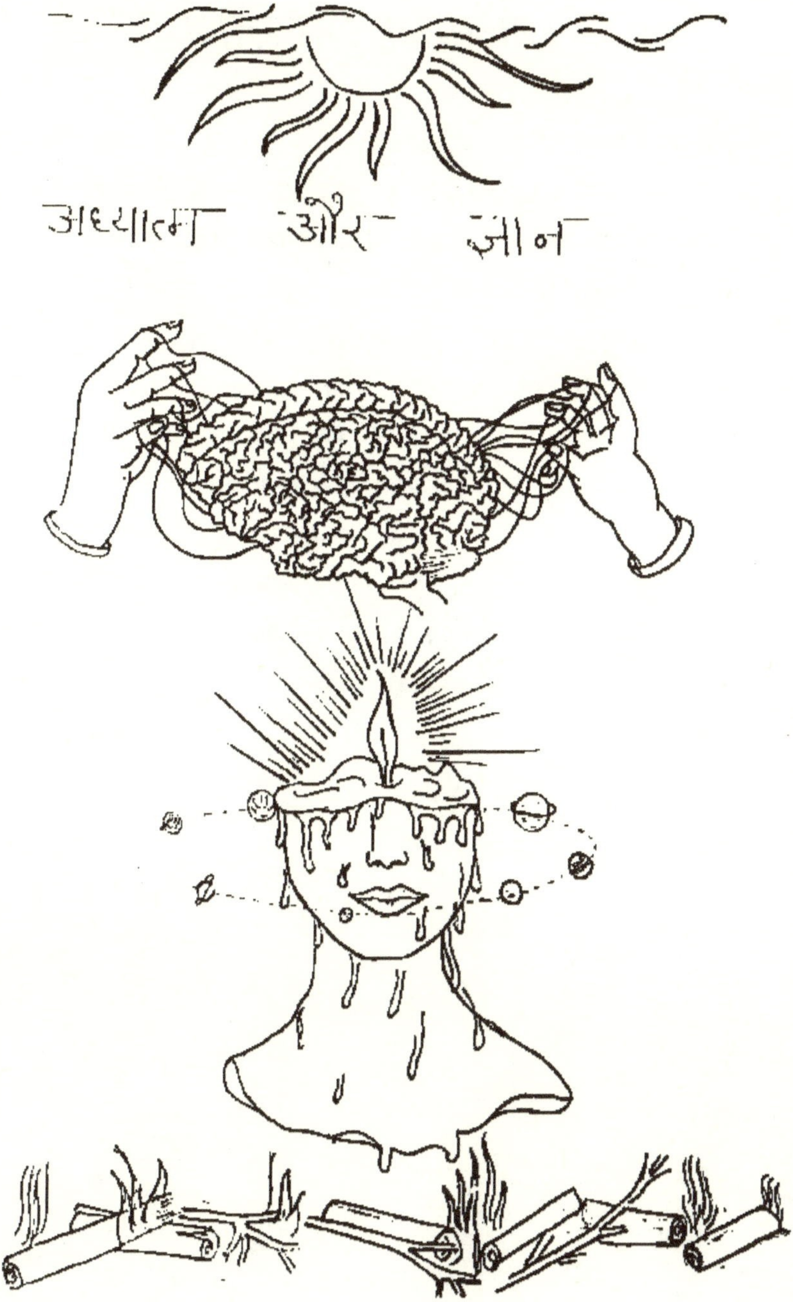
अध्यात्म और ज्ञान

अध्यात्म और ज्ञान

समय कभी रुकता नहीं और यह जीवन पानी के बुलबुले सा है जो कभी टिकता नहीं। जीवन में उठते हैं कई सवाल, ढूँढने है उनके जवाब हर हाल। कभी जानने की कोशिश करते आत्मा परमात्मा का रिश्ता। कभी खुद को समझते रंगमंच की कठपुतली, तलाशते डोर का छोर किसके हाथ है।

कभी उठता मन में प्रश्न,
क्या है जीवन मृत्यु चक्र।
कैसे आत्मा अजर, अमर,
क्यों ये जीवन होता नश्वर।
कभी डूबते भक्ति में अनन्त,
बनाते परमपिता से सम्बंध।

जीवन का कठिन प्रश्न

एक तरफ है रास्ता लम्बा, टेढ़ा-मेढ़ा दुर्गम पथ है,
एक तरफ बड़ी चुनौती, पार करो तो सुगम पथ है।
सही राह कैसे चुन पाएँ, यही जीवन का कठिन प्रश्न है॥

भेड़चाल सी भीड़ खड़ी है, तलाश रही आसान कड़ी है,
सोच विचार किए न कोई, बिना लक्ष्य कैसा ये दृश्य है।
सही राह कैसे चुन पाएँ, यही जीवन का कठिन प्रश्न है॥

जिसने हिम्मत की चुनी पतवार, तोड़ी हर बाधा, दीवार,
पाएँगे वही मन्जिल अपनी, जीवन उसको लगे जश्न है।
सही राह कैसे चुन पाएँ, यही जीवन का कठिन प्रश्न है॥

तन, मन, धन से करे समर्पण, निर्मल रखे मन का दर्पण,
ध्यान लगाए निज भक्ति पर, मिल जाएगा उसे कृष्ण है।
सही राह कैसे चुन पाएँ, यही जीवन का कठिन प्रश्न है॥

अपनी अलग पहचान बनाना, कुछ नया तू करके जाना,
न सोचो क्या कहे जमाना, याद रखो ये जीवन नश्वर है।
सही राह कैसे चुन पाएँ, यही जीवन का कठिन प्रश्न है॥

सुख की तितली

होती है सुख की ये तितली,
नभ मे दमके जैसे बिजली।

कभी अचानक आ जाती है,
खुशियाँ जीवन में भर जाती है।
बिखेर अपने सारे रंगों को,
खूबसूरत समा बना जाती है।

हँसी के फव्वारे भी संग लाती,
चेहरे खिल जाते जैसे गुलाब।
हर जन को रहती सदा,
सुख की तितली की तलाश।

पर कोई नहीं यह जाने,
तितली का है चंचल स्वभाव।
कभी इस फूल, कभी उस,
मण्डराती वह कहीं नयी डाल।

कितनी भी कोशिश कर लो,
कोई इसको पकड़ न पाया।
अपनी मर्जी की मालिक है,
कोई न समझे इसकी माया।

सुकून की तलाश

सब कुछ पाया जीवन में, सुकून की तलाश बाकी है,
मन को न आया चैन, लगता ये जीवन बेबाकी है।

ढूँढा उसको धन दौलत में, ऊँचे भवन मकानों में,
कभी तलाशा उसको मैंने, भाँति-भाँति पकवानों में।

कभी लगा ढूँढने उसको, यारों संग मयखानों में,
खोजा उसको मैंने कभी, गीता और पुराणों में।

कस्तूरी मृग सा हाल मेरा, ढूँढ रहा था वन-वन में,
एक दिन पाया मैंने उसको, अपने भीतर अन्तर्मन में।

नाहक ही भटक रहा, खोजने उसको जन-जन में,
सुकून की तलाश हुई पूरी, जब सन्तोष रखा जीवन में।

एक लम्हा

एक लम्हा आता है,
एक लम्हा जाता है।
इस समय चक्र में,
जीवन बीत जाता है।

जब होता खुशी का पल,
बान्ध के रखूँ करता मन।
रोक लूँ समय का पहिया,
करना चाहती सारे जतन।

मुट्ठी में रेत सा फिसलता,
हर पल झट बदलता जाता।
खट्टी-मीठी यादों की गठरी,
खाली झोली भरता जाता।

हर पल एक नव पल होगा,
आज खुशी, गम कल होगा।
जी भर जी लो हँस के आज,
ये आज न फिर कल होगा।

केवल रक्त बहा है

हर रणभूमि का इतिहास गवाह है,
रक्त-रक्त और केवल रक्त बहा है।
कौन अमर हुआ इस दुनिया में,
क्या लेकर अपने साथ गया है।

कोई जो भी जीता, जो भी हारा,
वह दोनों ही अब शख्स कहाँ हैं।
बैठ महलों में केवल हुक्म चलाए,
आम जनता ने ही दर्द सहा है।

उठो चलो एक आवाज बने हम,
चाहिए सुकून शान्ति का जहाँ है।
हर रणभूमि का इतिहास गवाह है,
रक्त-रक्त और केवल रक्त बहा है।

एक

हाथों की पाँचों अँगुली,
होती नहीं एक जैसी।
जब हो जाती एक साथ,
बन जाती है वह मुट्ठी।

एक और एक मिल जाते,
तो बन जाते वह ग्यारह।
जंग दुनिया की जीत जाते,
हो जाता तब पौ बारह।

एक अकेला सूरज हरता,
पृथ्वी का ये तम घनघोर।
चहुँ दिशा में जहाँ भी देखे,
हो जाता प्रकाश हर ओर।

चाँद एक चमकता नभ में,
शीतलता भर देता जग में,
करता वही दिलों पर राज,
मुस्कान एक जो लाता लब पे।

बात एक है बड़े पते की,
कर्म पर टिका है सन्सार ।
जैसी करनी, वैसी भरनी,
यही है जीवन का सार।

एक अटल सत्य जीव का,
जो आया है वह जाएगा,
मिट्टी से बना यह तन है,
मिट्टी में ही मिल जाएगा।

नश्वर जीवन

ओस बूँद सा होता जीवन, न जाने कब मिट जाएगा,
न कर काया पर अभिमान, साथ कब ये छूट जाएगा।

क्या होगा अगले पल किसी ने भी नहीं जाना,
सत्कर्म की राह पर सदा तुम चलते ही जाना।

कर्म जो भी करे वो साथ तेरे जाएगा,
धन तो इस धरा पर धरा ही रह जाएगा।

यह जीवन कच्ची मिट्टी सा, न जाने कब ढह जाएगा,
खेल है शतरन्ज का, कभी मात कभी शह पाएगा।

दे किसी को मुस्कुराहट, तू भी मुस्कुराएगा,
जीवन सफर सुहाना, गुनगुनाते हुए बीत जाएगा।

खाली हाथ आया है, खाली हाथ जाएगा,
कफन में जेब नहीं होता, कब समझ पाएगा।

आकाश, वायु, अग्नि, जल, पृथ्वी, पंचतत्व से बनी यह काया,
मनु, योगी, ऋषि, सन्त, महन्त, इसमें छिपे रहस्य को भेद न पाया।

पुनर्जन्म

पुनर्जन्म होता यह बात,
कृष्ण ने गीता में बताई।
जब अर्जुन को कर्मयोग,
समझाने की बात आई।

तब कृष्ण ने कहा बड़ी
सहजता से कौन्तेय को।
सर्वप्रथम कर्मयोग ज्ञान,
मैंने दिया सूर्यदेव को।

सुनी माधव से यह बात,
अचरज में हो गए पार्थ।
हाथ जोड़े खड़े हो गए,
समझ नहीं पाए यथार्थ।

सूर्य तो युगों-युगों से है,
कुछ वर्ष है आपकी वय।
कुतूहल से पूछे अर्जुन,
हो सकता कैसे ये सम्भव।

कृष्ण ने बताया हे गुडाकेश,
तेरे मेरे हो चुके जन्म अनेक।
फर्क इतना है तुम भूल गए,
और मुझे याद है प्रत्येक।

कर्मानुसार होता पुनर्जन्म,
आत्मा वही शरीर है नश्वर।
पुराने देह रूपी वस्त्र त्याग,
यह करती धारण नए वसन।

जीवन मृत्यु का चक्र

सुनती हूँ सहसा जब मैं, चला गया कोई छोड़ ये दुनिया,
समझ नहीं आता कुछ मुझको, कैसी हो मेरी तब प्रतिक्रिया।
कभी लगता वह हो गया मुक्त, हर रिश्ते से, इहलोक से,
फिर आता विचार मेरे, घरवाले कैसे मुक्त होंगे शोक से।
यह जीवन का शाश्वत सत्य, जिसे नहीं सकता कोई टाल,
जन्म लिया है जिसने जग में, निश्चय ही पाएगा काल।
आत्मा अजर, अमर है जिसे यह रहस्य ज्ञान समझ आया,
मृत्यु न होगा दुख का कारण, वह हर दर्द से मुक्त हो पाया।
जिसने सीख लिया मृत्यु पर हँसना, उसे कौन रुला सकता है,
माना अजेय है मृत्यु पर उसके भय से आजादी पा सकता है।

एक दिन घाट पर

राह में लगे एक बोर्ड पे गई नजर,
श्मशानघाट जाने का रास्ता है इधर।
मैं रोक न पाई अपने आपको,
अनायास ही कदम बढ़े घाट को।
वहाँ की भीड़ देखकर मन में, आये कई विचार,
मरने के बाद भी करना पड़ता यहाँ इन्तजार ।
अरे, ये क्या! यहाँ तो उम्र की कोई सीमा ही नहीं,
बच्चे, बूढ़े, जवान, हर उम्र के आ रहे यहीं।
देख हुई अचम्भित, सभी मृत शरीर के हाथ थे खाली,
चाहे हो अमीर या गरीब या हो कमजोर या महाबली।
वहाँ कुछ के चेहरे बहुत उदास तो कुछ के रो-रो कर बुरा हाल था,
कुछ सहन न कर पा रहे अपनों की जुदाई, कैसा वहाँ मायाजाल था।
लेकिन मृत चेहरे पे एक सुकून था,
अन्धी दौड़ का अब नहीं कोई जुनून था।
न कपड़ों के ब्रांड की कोई जिक्र थी,
न ही बालों के रंग की कोई फिक्र थी।
ताउम्र जिस देह पे अपना हक माना था,
आज जल कर उसे मिट्टी में मिल जाना था।
कितना ही समय यूँ बीत गया देखते ही देखते,
जीवन के आखिरी सफर की मन्जिल को विचारते।

प्रभु अनन्त अपार हैं

हे प्रभु, हे परमेश्वर, आप अपरम्पार हैं,
अनन्त, सर्वव्यापी, आप जीवन आधार हैं।

आप ही हैं जीवनज्योत, आप ही प्रकाश हैं,
अष्टसिद्धि, नवनिधि के आप ही दातार हैं।

आप जग के सूत्रधार, आप ही कलाकार हैं,
आपके बिना हिले न, सृष्टि का कोई तार है।

आप ही के हाथ में जीवन की साँस है,
आप ही हैं हौसला, आप ही से आस है।

आप हैं प्रकाश पुन्ज, हरते हर अन्धकार हैं,
आपके श्री चरणों में, बारम्बार प्रणाम है।

जब भी बढ़े पापकर्म, लिए आप अवतार हैं,
धर्म रक्षा के लिए किया, दुष्टों का संहार है।

आपकी श्री महिमा का कोई नहीं पार है,
आप ही में समाया इस जीवन का सार है।

आपके बिना हिले न डाल, न कोई पात है,
तर जाए जीवन नैया, जो हो हरि का साथ है।

आप हैं दयानिधि, आप सर्वशक्तिमान हैं,
आपके चरणकमल में रहे हमारा ध्यान है।

सात की महिमा

सात अंक में है कई बात,
अभाज्य अंक होता सात।
गूढ़ रहस्य छिपा है इसमें,
स्वर्ग जाने की सीढी सात।

सात पाताल, लोक हैं सात,
सात छन्द और योग हैं सात।
सप्तऋषि बैठे तारामण्डल में,
होते सप्ताह में दिन हैं सात।

सात है सागर, द्वीप है सात,
दुनिया में अजूबे भी है सात।
सात आयाम होते हैं घन में,
संगीत मे बसे सुर है सात।

लेते अग्नि के फेरे सात,
वचन देते शादी में सात।
सात रंग है इन्द्रधनुष के,
कुण्डलिनी में है चक्र सात।

देवी-देवता विराजे खास,
कमल जिसमें पंखुड़ी सात।
बनी यह सुन्दर सी दुनिया,
दिन लगे उसमे भी सात।

देख सात की महिमा को
चुन लिया मैंने भी सात।
'क्या छिपा सन्दूकची में'
किए शामिल चरण सात।

आभार

कोई भी काम अपनों के साथ के बिना पूर्ण होना बहुत मुश्किल होता है।

मेरी इस यात्रा में मेरे जीवनसाथी श्री सुशील लाहोटी ने हर कदम पर मेरा साथ दिया है। मेरे पुत्र हर्षित ने मुझे सदा लिखने के लिए प्रेरित किया और इस पुस्तक में कविता चयन से लेकर हर कार्य में उसने पूरा सहयोग दिया।

मेरी बेटी सौम्या और उसकी सहेली कृष्णा शाह ने पुस्तक के कवर डिजाइन में मुझे बहुत गाइड किया। मेरी हर छोटी से छोटी शंका का समाधान किया।

मैं धन्यवाद करती हूँ अपने गुरुजन, माता-पिता, परिवार और सभी मित्र बन्धुओं का जिनकी सहायता से यह कार्य सम्भव हो पाया है।

मैं नमन खंडेलवाल और उनकी पूरी टीम का आभार करती हूँ जिन्होंने प्रकाशन में पूरा सहयोग दिया।

मैं धन्यवाद देती हूँ गृहकार्य में सहायता करने वाली सहायिका का जिसकी वजह से मैं समय निकाल पाई और लिख पाई।

हर कार्य के पूर्ण होने में परोक्ष और अपरोक्ष बहुत लोगों का सहयोग होता है। मैं उन सबके लिए आभार प्रकट करती हूँ। आशा करती हूँ कि आगे भी मुझे ऐसे ही सबका साथ मिलता रहेगा।

www.ingramcontent.com/pod-product-compliance
Lightning Source LLC
LaVergne TN
LVHW100552051026
849519LV00003B/918
* 9 7 8 9 3 9 0 4 4 7 3 2 9 *